왕을 설득하라

왕을 설득하라

이상각 엮음

유리창

"혼란을 극복하고 창조를 이룩하며, 적을 간파하고 승리의 자신감을 주며, 어느 상대라도 설득하여 내 편으로 만들 수 있는 동양의 보물 같은 책."

—마오쩌뚱(毛澤東)

| 머리말 |

말이 곧 사람이다

　작은 부족이 난립하던 고대 중국에서는 기원전 8세기경부터 강력한 제후국들이 등장해 천자국인 주나라 황실을 받들며 견제와 양보 속에 착실히 기반을 다져갔다. 비교적 안정된 춘추시대를 지나 전국시대에 접어들면서 대륙은 극도의 혼란에 빠졌다. 그때부터 제후국들은 수많은 영웅호걸을 배출하면서 피비린내 나는 쟁패전을 벌였다. 흔히 전국칠웅으로 묘사되는 진·초·연·제·한·위·조는 앞서거니 뒤서거니 하며 위세를 자랑했지만, 일국의 무력으로 나머지 여섯 나라를 호령하기에는 한계가 있었다.

　그 무렵 등장한 제자백가諸子百家는 자신들의 학문적 이상을 정계에서 실현하고자 했다. 당시 유세객遊說客으로 불린 수많은 학자는 탁월한 지모와 언변을 바탕으로 각국의 지도자로 변신하여 국정을 좌우지했다. 천변만화하는 시대 상황에서 감무와 범수, 소진과 장의 등 천재적인 유세객이 벌인 건곤일척은 그 상황 자체가 의미 깊으려니와 다양한 책략을 내포한 언변의 대결 또한 의미심장하다. 약육강식의 난세에 말 한마디로 새우를 꿰어 고래를 잡은 확신과 결단, 모략과 비책은 오늘날까지 펜이 왜 칼보다 강한지 여실히 증명해준다.

　춘추시대가 《춘추春秋》에서 비롯되었듯이 전국시대라는 말을 낳은 《전국책戰國策》에는 전국 말기까지 각 나라 책사들의 유세 기록, 각 나라의 흥망성쇠와 고사, 천자天子부터 서인庶人까지 총망라되었다. 초기에 《국책國策》《단장短長》 등으로 불리다가 한나라 때 유향劉向이 비로소 《전국책》으로 확정했으며, 그 후 고유高誘가 주註를 달아 동주·서주·진·제·초·조·위·한·연 등 열두 나라 역사를 아우르는 33권으로 완성했다. 마오쩌둥은 "《전국책》이야말로 혼란을 극복하고 창조를 이룩하며, 적을 간파하고 승리의 자신감을 주며, 어느 상대라도 설득하여 내 편으로 만들 수 있는 동양의 보물 같은 책"이라고 극찬했다. 우리나라에서는 1483년(성종 14) 경연에서 시강관 이세우가 《전국책》을 강講하자고 제안했다가 신하들의 반대로 무산되었다는 기록이 있다.

'말만 앞세우고 실행하지 않는 사람은 잡초가 들어찬 정원과 같다'는 격언이 있다. 아무리 좋은 약도 남용하면 건강을 해치듯, 항상 언행에 절제를 지켜야 한다는 뜻이다. 고금을 돌아보면 말을 다스리지 못해 낭패를 본 사람이 한둘이 아니다. 말은 그 사람의 가치관과 신념, 이상을 드러낸다. 현대는 궁리를 넘어 표현하고 행동하는 시대다. 생각이 사람을 바꾸지만, 그것을 드러내고 실천하도록 하는 것은 말이기 때문이다. 그러므로 말이 곧 사람이라 해도 과언이 아니다.

이 책은 《전국책》에 등장하는 유세객들이 천하를 상대로 벌인 언변의 파노라마를 씨줄로 삼고, 그들과 군주·신하·라이벌의 지략 경쟁을 날줄로 삼아 현대인에게 꼭 필요한 화술과 인간관계의 정수 81제를 가려 내용과 해설을 담았다. 어떻게 말하고, 어떻게 행동하여, 어떻게 성공할까. 난세에 홀로 일어나 모든 것을 얻고 누린 영웅들의 기록 《전국책》, 이제 그 비밀의 화술책을 펼쳐보자.

| 차례 |

머리말 말이 곧 사람이다

1장 | 믿음 없인 설 수 없다 - 확신 確信

칼집이여 돌아갈까? 풍훤의 교토삼굴 · 18
내가 무엇 때문에 화내야 하는가 장자를 믿은 제나라 위왕 · 25
입술이 없으면 이가 시립니다 장맹담의 순망치한 · 28
저를 죽이십시오 조양자와 장맹담의 신의 · 36
선비는 자기를 알아주는 사람을 위해 죽는다
지백에게 보답한 예양 · 40
훗날 누가 당신과 함께 일을 도모하겠습니까?
진나라 왕에게 경고한 망묘 · 45
당신은 내게 무엇을 원하십니까? 자객 섭정과 누이의 의리 · 48
나는 그를 믿는다 효성왕과 이백의 관계 · 54
이제 그 시간이 되었다 위나라 문후의 약속 이행 · 56
부끄러움을 모르면 천 리의 땅도 무용지물이다
위나라 왕의 대갈일성 · 59
은혜와 원한이 어찌 이리 가까운가! 중산국 왕의 탄식 · 61

2장 | 정곡을 찌르다 — 충고 忠告

군주는 귀하지 않습니다 안촉의 명답 · 66
왕은 알맹이도, 이름도 없습니다 처사 돈약의 유세 · 72
처음에도 잘하고 나중에도 잘해야 합니다
진나라 무왕에 대한 충고 · 76
옆집의 불은 금세 담장을 넘어옵니다 소진의 도미노 이론 · 80
어느 한쪽에 기대면 위태롭습니다 자상의 중립론 · 83
모두 잘못 생각하고 있습니다 우경의 이해득실법 · 85
까치를 까마귀라고 해도 됩니까? 관리들의 부패를 꼬집은 사질 · 88
꿈에 부뚜막 님을 뵈었습니다 복도정의 꿈풀이 · 91
화는 사랑하는 자에게서 비롯됩니다 상옹의 교훈 · 94
백골은 상아로 오인하기 쉽습니다 위나라 문후의 공명법 · 97
지혜로운 자와 의논한 뒤 어찌 미욱한 자의 말에 귀를 기울이십니까?
편작의 일침 · 99

3장 | 진심으로 다가서다 - 설득說得

한 나라의 왕으로 어찌 나라 사랑하는 마음이 없겠습니까
유등의 웅변 · 104

표주박은 금방 깨집니다 범수의 예화 · 107

둥지를 뒤집으면 봉황은 날지 않습니다 양의의 예절 바른 외교 · 111

당신의 허물을 감싸주는 사람이 있습니까? 재신임 받은 여창 · 115

죽은 사람에게는 지각이 없습니다 선태후를 꾸짖은 용예 · 118

아무쪼록 받지 마십시오 공손술의 양수겸장 · 121

호랑이 입에 들어가지 마십시오 소대의 신령계 이야기 · 125

진정으로 사랑하는 방법을 찾아보십시오 촉섭의 친밀한 설득 · 128

하늘의 뜻에 따라 자식의 도리를 다하십시오
명분을 이용한 혜시의 설득 · 133

미녀는 충신의 혀를 물리치고, 미남은 노신을 물리칩니다
전신지의 우회 전법 · 136

스스로 일의 가부를 결정하셨습니다 장모의 공들인 조언 · 139

4장 | 실체를 보여주다 – 설복說服

팔꿈치와 발이 속삭일 때를 경계하십시오
자화자찬을 경계한 중기 · 144

후세에 반드시 술로 나라를 망치는 자가 있을 것이다
망조를 경고한 노군 · 147

당신이 훨씬 미남입니다 **추기의 자각** · 150

이득을 얻는 자는 따로 있습니다 **소대의 적절한 비유** · 153

이런 사람은 대체 어떤 사람입니까? **공수반을 꾸짖은 묵자** · 155

측근이 가까워지면 신변이 위태롭습니다 **상앙의 비극** · 159

모든 것은 저들의 뜻에 달렸습니다 **우경의 한숨** · 162

무엇을 더 삼키지 않겠습니까? **자식의 고기를 먹은 악양** · 165

바람은 쓸쓸하게 불고 역수는 차다 **형가의 탄식** · 167

천하의 귀신들까지 내게 복속시키겠다 **송나라 강왕의 착각** · 179

이제는 돌이킬 수 없습니다 **서자의 예언** · 181

5장 | 정면으로 승부하다 - 결단 決斷

대체 누구의 잘못입니까? 범수의 정면 승부 · 186
나를 돌려보내십시오 경리의 단도직입 · 191
제가 갈 곳이 어디겠습니까? 장의와 진진의 대결 1 · 194
비틀거리는 여자는 아내감이 아니다 장의와 진진의 대결 2 · 197
그대는 입을 다물라 장의와 진진의 대결 3 · 201
땅덩어리가 크면 말썽도 많은 법입니다 장의와 감무의 대결 · 206
나는 그 사람에게 아무런 원한이 없습니다 서수와 장의의 꼼수 · 208
나는 결심했다 진나라 소양왕의 선택 · 211
자칫하면 후회할 시간조차 없습니다 소연의 최후통첩 · 214
나는 나라에 죄를 지었습니다 제나라 선왕의 자책 · 217
내가 무슨 말을 했는지 모르겠다 군왕후의 유언 · 221
포의의 노여움을 아십니까? 당차와 진시황의 논쟁 · 224

6장 | 스스로 무너지게 하다 - 모략謀略

가져갈 만하면 가져가 보십시오 안솔의 이중 화법 · 230
공개적으로 편지를 보내십시오 영천의 계교 · 235
무엇 때문에 오늘 같은 즐거움만을 기꺼워하겠습니까?
안릉군의 아첨술 · 237
공이 없는데 내리는 상은 의심스럽습니다
지백의 계교를 간파한 남문자 · 240
제 말은 거짓말이 될 것 같습니다 장의의 빈궁 타개법 · 243
그가 제게 자랑했습니다 정적을 물리친 감무 · 247
미인의 소문을 내지 마라 용양군의 눈물 · 249
공을 세우고 받은 것은 뇌물이 아닙니다 순우곤의 항변 · 252
나는 참으로 만족한다 전단의 공을 빼앗은 양왕 · 255
상처 난 호랑이도 호랑이입니다 혜문왕과 진진의 대화 · 258
나는 지금 죽고 싶습니다 범수를 옭아맨 몽오 · 262
개떼에게는 뼈다귀를 던져주십시오 범수의 이간책 · 265

7장 | 최고의 방책은 사람이다 – 관인官人

일곱 명이 많은 것이 아닙니다 순우곤의 다다익선 · 270
왜 일 잘하는 공인에게 맡기지 않습니까?
위모의 직언 · 272
미운 중매쟁이도 필요한 법입니다 소대의 충고 · 275
무망의 사람이 필요한 때입니다 주영의 경고 · 278
마음에 들지 않더라도 내치지는 마십시오
현인을 쫓아낸 위 혜왕 · 283
손해 볼 것이 없다면 이득이 됩니다
소진의 인재 스카우트 방법 · 285
그 일에 맞는 사람을 쓰십시오 한천자의 인물평 · 289
물속의 준마는 물고기를 따르지 못합니다
노중련의 인재론 · 291
정치인은 상인을 따르지 못합니다 희사의 비아냥거림 · 293
여우를 살려 보내선 안 됩니다 강을의 출세 작전 · 295

될성부른 사람에게 투자하십시오 두혁의 인물 천거 · 298
이래저래 마찬가지입니다 축불이 축출된 사연 · 300
높이 오른 용은 반드시 후회한다
범수와 채택의 명철보신 · 302

전국시대의 여러 나라들 · 311

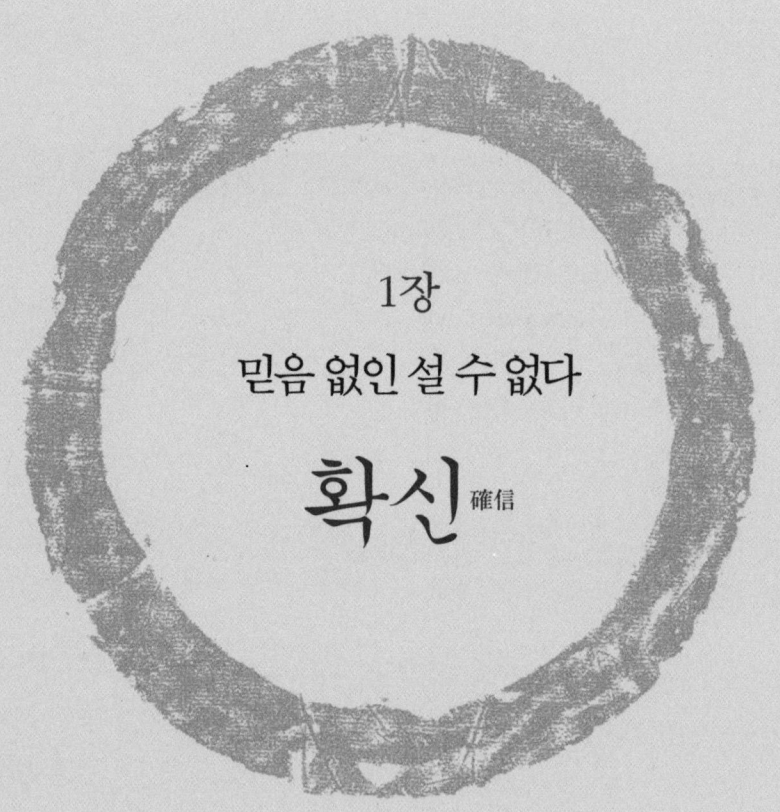

1장
믿음 없인 설 수 없다
확신 確信

확신이 있는 사람은 확신들을 존경한다.
레오 벡 Leo Baeck

편견이란 실효성이 없는 의견이다.
앰브로즈 비어스 Ambrose Bierce

믿음 없인 설 수 없다(無信不立).
공자孔子

진짜 친구는 세상의 모든 사람들이 걸어 나갈 때, 걸어 들어오는 사람이다.
월터 윈첼 Walter Winchell

자기 신뢰는 성공의 첫째 비결이다.
랠프 월도 에머슨 Ralph Waldo Emerson

절대로 절망하지 마라. 절망하려면 일하면서 절망하라.
에드먼드 버크 Edmund Burke

칼집이여 돌아갈까?
―풍훤의 교토삼굴

잘하는 것이 없는 사람

제나라 민왕湣王의 치세에 풍훤馮諼이란 사람이 있었다. 그는 몹시 가난하여 입에 풀칠하기조차 힘들었으므로 맹상군孟嘗君을 찾아가 식객이 되고자 했다. 맹상군은 위魏의 신릉군信陵君, 조趙의 평원군平原君, 초楚의 춘신군春申君과 더불어 전국시대 말기 활약한 사공자 가운데 한 사람이다. 그는 제나라 위왕威王의 막내아들이며 선왕宣王의 이복동생인 정곽군靖郭君 전영田嬰의 아들인데, 식객이 1000명이 넘을 정도로 인재를 좋아했다. 풍훤의 청을 전해 들은 맹상군이 집사에게 물었다.

"그 사람은 무엇을 좋아한다던가?"
"특별히 좋아하는 것이 없답니다."
"그렇다면 무엇을 잘한다던가?"
"특별히 잘하는 것도 없답니다."

"허허, 아무리 그래도 어딘가 쓸모는 있겠지."

맹상군은 웃으면서 풍훤을 식객으로 받아들였지만, 평소 그를 거들떠보지도 않았다. 때문에 시종들은 풍훤의 식사로 식객 가운데 제일 낮은 등급인 풀죽을 주었다. 그러자 풍훤은 집 안의 기둥에 기대선 채 허리에 찬 검을 만지작거리며 중얼거렸다.

"칼집이여, 그만 돌아갈까. 내겐 고기 음식을 주지 않는구나."

집사에게 그 이야기를 들은 맹상군은 맹랑하다고 생각했지만, 2등급에 속하는 고기 요리를 주라고 명했다. 얼마 지나지 않아 풍훤은 또다시 검을 만지작거리며 중얼거렸다.

"칼집이여, 그만 돌아갈까. 내겐 외출할 때 수레 한 대도 내주지 않는구나."

맹상군은 "참으로 대담한 사람이로구나" 하면서 그에게 수레를 내주라고 명했다. 집사는 고개를 갸웃거렸지만 주군의 지시에 따를 수밖에 없었다. 이에 풍훤은 친구를 만나 한껏 뻐기면서 맹상군이 이제야 손님 대접을 제대로 한다고 칭찬했다. 하지만 그는 얼마 후 다시 시무룩한 표정으로 검을 만지작거리며 중얼거렸다.

"칼집이여, 그만 돌아갈까. 이래서는 늙어 꼬부라질 때까지 집 한 채 장만하지 못하겠구나."

사람들은 풍훤의 뻔뻔스러운 행동에 혀를 내두르며 맹상군에게 그를 내쫓으라고 청했다. 하지만 맹상군은 그에게 연로하신 어머니가 있다는 것을 알고 집 한 채를 사준 다음 가재도구와 식량까지 보내 편히 살도록 했다.

돈 주고도 살 수 없는 것

몇 년이 지나 맹상군은 자기 식객 중에 풍훤이란 자가 있는지조차 잊어버렸다. 그러던 어느 날, 맹상군은 시종에게 식객 중에서 영지인 설薛 땅으로 가서 대부금을 회수해올 만한 사람을 선발하라고 했다. 설 땅은 거리가 멀고 척박한 지방이라 아무도 나서는 사람이 없었는데, 풍훤이 그 일을 자원했다. 보고를 받은 맹상군이 시종에게 물었다.

"풍훤이 대체 누구인가?"

"예전에 '칼집이여, 그만 돌아갈까'라는 노래를 밥 먹듯 하던 사람입니다."

"아, 바로 그 사람이구먼. 내가 무심하여 재능 있는 사람을 여태 버려두었구나."

맹상군은 크게 기뻐하면서 풍훤을 불러 말했다.

"나는 일에 지치고 마음이 어지러운데다, 천성이 마음 약한 사람이라오. 그동안 국사에 몰두하느라 선생에게 참으로 실례가 많았소. 부디 노여워 말고 나를 위해 큰일을 해주시오."

"알겠습니다. 제게 맡겨주십시오."

풍훤은 흔쾌히 응낙하고 수금해야 할 차용증서를 산더미처럼 수레에 실은 다음 맹상군에게 하직 인사를 하며 물었다.

"현지에서 회수한 대부금으로 무엇을 사올까요?"

"그거야 선생이 알아서 처리하십시오. 집에 많지 않은 물건이면 좋겠지요."

머나먼 설 땅에 도착한 풍훤은 맹상군에게 돈을 빌린 백성을 한꺼번에 불러 모았다. 채무자들이 모두 모이자 그는 차용증서를 일일이 대조한 다음, 맹상군의 명령이라며 차용증서를 몽땅 불살랐다. 그때까지 빚을 어떻게 갚을까 전전긍긍하던 백성은 감격해서 눈물을 흘리며 맹상군의 은덕에 감사했다.

"맹상군이야말로 천하의 의인이로다."

얼마 후 풍훤이 예상보다 빨리 돌아오자 맹상군은 의아한 표정으로 물었다.

"대부금은 모두 회수했습니까?"

"그렇습니다."

"그 돈으로 무엇을 사오셨습니까?"

"주군께서는 댁에 많지 않은 물건을 사오라고 하셨습니다. 제가 살펴보니 창고에는 금은보화가 쌓였고, 축사에는 명마들이 가득했습니다. 또 후궁에는 미인들이 들끓으니 제가 보건대 이 댁에 부족한 것은 의義 하나뿐이었습니다. 그래서 나름대로 생각한 끝에 선물로 의를 사왔습니다."

"그게 대체 무슨 말씀이오?"

"지금 주군께서는 좁은 설 땅을 영유하면서 그 백성을 자식처럼 사랑할 줄도 모르고, 도리어 벌이 좋은 장사의 대상으로 바라보고 계십니다. 때문에 저는 주군의 명이라 하여 차용증서를 남김없이 불살랐습니다. 그랬더니 백성이 크게 기뻐하며 주군을 칭송했습니다. 이것이 제가 주군께 드리는 선물입니다."

"아니, 뭐라고······."

그 말을 들은 맹상군은 화가 머리끝까지 치밀었지만, 체면 때문에 어쩌지 못하고 울분을 삼키며 소리쳤다.

"좋습니다. 선생께서는 그만 물러가십시오."

교토삼굴狡兎三窟

1년 뒤 진나라 소양왕昭襄王의 간계에 넘어간 제나라 민왕은 맹상군의 벼슬을 거두고 영지인 설로 쫓아버렸다. 갑작스럽게 실각한 맹상군은 하릴없이 가솔과 수많은 식객을 거느리고 변방으로 떠나야 했다. 머나먼 여로에 지친 일행이 설 땅 초입에 이르자, 수많은 백성이 길가에 나와 눈물을 흘리며 그를 환영했다. 깜짝 놀란 맹상군은 곁에서 흐뭇한 표정을 짓는 풍훤을 보고 비로소 사정을 깨달았다.

"선생이 나를 위해 사주신 의를 오늘에야 보았습니다."

그러자 풍훤은 웃으면서 화답했다.

"아무리 교활한 토끼라도 구멍 세 개가 없으면 죽음을 면할 수 없는 법, 주군께서 무사하려면 이 정도로 안심할 수 없습니다. 저는 주군을 위해 앞으로 구멍 두 개를 더 파드릴 것입니다."

며칠 뒤 풍훤은 맹상군에게 청하여 수레 50대에 황금 500근을 가득 채운 다음 서쪽에 있는 위나라에 신고 가 혜왕惠王에게 바치며 말했다.

"제나라에서 사리분별을 못 하고 유능한 재상 맹상군을 내쫓았습니다. 전하께서 그를 귀하게 쓰신다면 앞으로 위나라의 국세가 막강해질 것입니다."

그러자 혜왕은 현재의 재상을 상장군으로 낮추고, 황금 1000근과 수레 100대를 보내면서 맹상군을 재상으로 초빙하려 했다. 풍훤은 혜왕의 사자보다 먼저 돌아와 맹상군에게 그 소식을 전하고, 이쯤 되면 제나라 민왕의 마음이 바뀔 것이라고 귀띔했다. 맹상군은 풍훤의 계교대로 위나라의 스카우트 요청을 세 차례나 거절했다. 신료들에게서 맹상군의 근황을 전해 들은 민왕은 황금 1000근과 장식한 사두마차 두 대, 패검 한 자루를 보내면서 예전의 결례를 사과했다.

"내가 간신배의 참언에 속아 경에게 커다란 잘못을 저질렀다. 이처럼 불민한 군주지만 그대는 선대의 영묘를 생각하여 다시 제나라 백성을 다스려주지 않겠는가?"

그러자 맹상군이 민왕에게 답했다.

"아무쪼록 선왕의 제기를 하사하시어 종묘를 설 땅에 세워주신다면 돌아가겠습니다."

그 요청은 곧 허락되었다. 얼마 후 설 땅에 제나라 왕실의 종묘가 완성되자, 풍훤은 기쁜 표정으로 맹상군에게 말했다.

"이제 구멍 세 개가 완성되었습니다. 주군께서는 당분간 안심하고 즐겁게 지내십시오."

이렇게 해서 맹상군이 제나라 재상으로 재임하기를 수십 년, 그 사이 털끝만 한 재난도 당하지 않은 것은 오로지 "칼집이여 돌아갈까?"를 되뇌던 무능한 식객 풍훤의 공이다.

불만은 빨리 풀어라 | 불만이 있다면 당사자에게 즉시 말하는 것이 좋다. 불만을 오래 품고 있으면 자신을 해친다. 하지만 그 무대는 둘만의 것이어야 한다. 공개적으로 체면이 깎이고 좋아할 사람은 아무도 없다. 상대방에게 말하기 전에 감사했던 일을 몇 가지 떠올리게 하면 대화는 훨씬 부드러워질 것이다. 당신이 오늘 하루만 산다면 여러 사람이 있는 자리에서 큰 소리로 망신을 주어도 좋다.

상대방을 힐난하기보다 자신의 솔직한 느낌을 말하고, 자신의 판단이 옳은지 그른지 물어보라. 상대방의 발언 가운데 마음에 꺼려지는 점이 있다면 정확히 지적하라. 이때 포괄적으로 대충 말하지 말고 불만스러운 지점을 정확하게 짚어 말하라. 그래야 상대도 불만의 이유를 명확하게 파악하고 대답해줄 것이다.

그 사람의 행동을 다른 사람의 결점과 덧붙여 말해서는 안 된다. 한 사람의 행동은 오로지 그의 것이고, 분명 이유가 있다. 그것을 증명된 다른 사람의 결점과 대비하여 이야기한다면 당신은 잘못된 판관이다.

불만은 한 번에 한 가지만 털어놓아라. 한꺼번에 수많은 내용을 소나기처럼 퍼부으면 기분 상하지 않을 사람이 없다. 또 과거보다 현재의 문제를 이야기하라. 일사부재리一事不再理의 원칙을 지키지 못하면 그 법정은 원인 무효가 된다. 더불어 문제의 실질적인 해결책을 제시하라. 대안 없는 문제 제기는 부질없다.

내가 무엇 때문에 화내야 하는가

—장자를 믿은 제나라 위왕

효자는 배신하지 않는다

진나라가 한나라와 위나라 영토를 경유하여 제나라를 공격했다. 제나라 위왕은 즉시 장자를 지휘관으로 파견했다. 이때 제나라 군대는 진나라의 대군과 마주 보고 진(陣)을 쳤는데, 전투가 본격적으로 벌어지지 않은 상태에서 백성이 양편을 빈번히 오갔다. 장자는 그런 상황을 이용하여 병사들과 함께 진나라 군대의 복색으로 위장하고 적진에 잠입했다. 그러자 척후병 한 사람이 위왕에게 달려가 장자가 군대를 이끌고 진나라에 투항했다고 보고했다. 하지만 위왕은 아무렇지도 않은 듯 대답했다.

"그럴 리가 없다. 좀더 기다려보자."

얼마 후 또다시 척후병이 달려와 보고했다.

"장자는 분명히 진나라 군에 항복했습니다."

그런데도 위왕은 쓰다 달다 아무런 언급이 없었다. 세 번째 척후병마저 같은 내용을 보고했지만 마찬가지였다. 이에 몸이 달아오른 신하들이 왕에게 물었다.

"장자의 배신을 알리는 보고가 연일 이어지고 있습니다. 사람은 달라도 하는 말이 한결같으니 사실인 듯합니다. 전하께서는 왜 다른 지휘관을 파견하시지 않습니까?"

그러자 위왕이 단호하게 대답했다.

"장자는 결코 나를 배신할 사람이 아니다. 내가 무엇 때문에 다른 지휘관을 파견해야 하는가."

얼마 후 '제군 대승 진군 대패'라는 보고가 들어왔다. 진나라에서도 사자를 통해 자신들의 패배를 인정하고 신하의 예를 갖추겠다는 문서를 보냈다. 갑작스런 상황의 반전에 놀란 신하들은 새삼 위왕의 믿음에 감탄하며 물었다.

"장자가 배신하지 않으리란 것을 어떻게 아셨습니까?"

"과거 장자의 생모 계가 집안에 큰 죄를 짓자 아비가 그녀를 죽여 마구간 마루 밑 분뇨 저장소에 묻었다. 나는 이번에 장자에게 군대를 맡기면서 '그대가 용감히 싸워 승리하고 돌아오면 그 공로로 어미를 이장해주겠다'고 약속했다."

"그래서 장자가 배신하지 못한 것입니까?"

"아니다. 그때 장자는 이렇게 대답했다. '여태까지 제가 어머니를 이장할 수 없어서 내버려둔 것이 아닙니다. 어머니는 돌아가신 아버지에게 죄를 지어 벌 받았는데, 그분의 허락을 얻지 않고 함부로 이장하는 것은 망부를 기만하는 일입니다. 그러므로 감히 그렇게 하지 않는 것입니다.' 자식으로서 돌아가신 아버지를 기만하지 않는 사람이 어떻게 살아 있는 주군을 기만하겠는가?"

그 말을 들은 신하들은 장자의 지극한 효성에 감탄했을 뿐만 아니라, 그의 심성을 끝까지 믿어준 위왕의 안목에 혀를 내둘렀다.

믿음은 성실이다 | 공자는 일찍이 인간관계의 기본을 신(信)이라고 설파했다. 신이란 거짓이 없는 것이며, 약속을 지키는 것이다. 그것이 곧 성실이다. 서기 75년 한나라 장군 경공은 유중성을 지키고 있었다. 경공은 흉노와 연합한 반란군의 공격을 받았는데, 적의 수는 많고 성을 지키는 군사들의 수는 적었다. 경공은 급히 조정에 원병을 청했지만, 마침 명제가 세상을 떠나고 새로운 황제가 즉위해 원병을 보낼 수가 없었다.

경공과 병사들은 비장한 각오로 농성전을 벌였다. 식량이 떨어지면 화살집을 삶아 먹었다. 그들의 지독한 저항에 질린 반란군도 함부로 공격하지 못했다. 결국 성을 사수하며 이듬해까지 버틴 경공과 병사들은 뒤늦게 달려온 원병의 도움으로 적을 물리쳤다. 이 항전에서 살아남은 사람은 경공을 비롯해 불과 13명뿐이었다. 믿음보다 큰 힘은 없다. 다른 사람이 나를 따르게 하려면 그에게 믿음을 주라. 지옥에라도 함께 갈 수 있다는······.

입술이 없으면 이가 시립니다
―장맹담의 순망치한

강자의 탐욕은 끝이 없다

춘추시대 진晉나라에는 육경六卿으로 일컬어지는 범씨范氏·위씨魏氏·한씨韓氏·조씨趙氏·중행씨中行氏·지씨智氏가 있었는데, 위씨 세력의 위환자魏桓子, 한씨 세력의 한강자韓康子, 조씨 세력의 조양자趙襄子, 지씨 세력의 지백智伯이 강성했다. 그중에서도 성격이 급하고 탐욕스러운 지백은 조·한·위와 연합하여 라이벌 범씨와 중행씨를 멸망시킨 다음 한강자에게 땅을 나눠달라고 요구했다. 한강자가 이를 거절하려 하자, 신하 단규가 말렸다.

"다시 생각해보십시오. 지백은 이해타산에 밝고, 잔인하며 포악합니다. 그가 땅을 달라고 하는데 주지 않으면 반드시 시비를 걸 것입니다. 전하께서는 그가 원하는 대로 해주십시오. 그자는 땅을 빼앗는 재미에 현혹되어 다른 나라에도 똑같이 요구할 것이고, 말을 듣지 않으면 반드시 무력을 사용할 것입니다. 그러면 우리는 재난을 모면하고, 새로운 정세 변화를 모색할 수 있습니다."

"과연 그렇군."

한강자는 단규의 말을 듣고 인구 1만의 성읍 하나를 지백에게 떼어주었다. 그러자 기세등등해진 지백은 위환자에게도 사신을 보내 땅을 나눠달라고 요구했다. 위환자 역시 성내며 거절하려 하자, 신하 조가가 그를 달랬다.

"지백이 일전에 한강자에게서 땅을 빼앗았는데, 우리가 말을 듣지 않으면 반드시 무력을 동원할 것입니다. 분하지만 일단 그의 말을 들어주는 것이 상책입니다."

위씨에게서도 인구 1만의 성읍을 얻은 지백은 조양자에게 사신을 보내 채와 고랑의 땅을 내놓으라고 강요했다. 조양자가 단호히 거절하자, 분노한 지백은 은밀히 한강자와 위환자를 끌어들여 군사를 일으키려 했다. 그와 같은 진나라의 동태를 파악한 조양자는 신하 장맹담을 불러 사태를 논의했다.

"지백은 겉으로 가까운 척하면서 내심은 멀리하는 자다. 그가 반드시 쳐들어올 터인데 어찌하면 좋겠는가?"

"지금 진양 땅을 다스리는 동알알우는 선왕을 충성으로 모신 믿을 만한 사람이니, 전하께서는 일단 진양 땅에 웅거하며 저들의 공격에 대비하십시오."

조양자는 연릉생에게 전차와 기마를 이끌게 하고 급히 진양으로 갔다. 조양자는 진양성에 도착하자마자 무너진 성곽을 보수하고 자재 창고와 무기고를 둘러본 다음, 곡물 창고까지 점검하고 나서 장맹담을 불러 향후 대책을 의논했다.

"우리의 성곽은 완벽하다. 자재와 무기는 물론 양식도 충분하다. 그렇지만 화살이 좀 부족한 것 같다."

"진양성의 성곽은 물억새·쑥·싸리나무·가시나무로 둘러쳐졌는데, 무성히 자라 지금 그 키가 한 길이 넘습니다. 그것들을 베어 화살대를 만들면 됩니다."

그의 말대로 해보니 과연 강력한 화살대가 되었다. 하지만 그것만으로는 충분치 않았다.

"화살대 문제는 해결되었지만 화살촉에 쓸 동銅이 부족하다. 어찌하면 좋겠는가?"

"제가 살펴보니 진양성의 건물 주춧돌은 모두 정련된 동으로 만들었습니다. 그것을 녹여 화살촉을 만드는 데 쓰십시오."

이렇게 해서 조양자는 금세 만반의 수비 태세를 갖췄다. 얼마 후 지백과 한·위 연합군이 진양성으로 밀어닥쳤다. 양측은 치열한 접전을 벌였지만, 조양자 군대의 결사항전으로 승부가 쉽게 가려지지 않았다. 급기야 지백이 진수의 둑을 무너뜨려 수공을 펼치자, 진양성은 물에 둥둥 뜬 형국이었다. 하지만 조양자는 끈질기게 저항하며 굴복하지 않았다.

순망치한의 설득

지백과 조양자가 접전을 시작한 지 무려 3년. 진양성에 고립된 조양자 군대는 높이 둥우리를 만들어 발을 디디고, 솥을 공중에 매달아 밥을 지어 먹으며 저항했다. 하지만 농성전에도 한계가 있었다. 군량이 바닥나면서 병사들의 사기가 땅에 떨어졌다. 게다가 전염병까지 번져 상황이 최악으로 치달았다. 낙담한 조양자가 다시 장맹담을 불러 대책을 논의했다.

"사태가 이와 같으니 더는 버티기 어렵다. 성을 내주고 항복하는 것이 어떤가?"

"소신은 일찍이 한 나라가 멸망하는 것을 막을 수 없고 위험에 처한 것을 바로잡을 수 없을 때는 지모가 있는 사람을 우대하는 길뿐이라고 들었습니다. 전하께서는 이 문제를 잠시 거론치 마십시오. 제가 적진에 들어가 한강자와 위환자를 만나보겠습니다."

장맹담은 곧 사신인 척하고 적진에 잠입해서 한강자와 위환자를 설득했다.

"두 분 전하, 소신은 순망치한脣亡齒寒:입술이 없으면 이가 시리다이라는 말을 알고 있습니다. 지금 지백이 우리 조를 토벌하면 다음 차례는 분명 한이나 위가 되지 않겠습니까? 차라리 우리와 힘을 합쳐 지백을 치는 것이 어떻겠습니까?"

"우리도 그것은 잘 안다. 하지만 지백은 워낙 거칠고 난폭해서 모의가 사전에 발각되면 화를 돌이킬 수 없다."

"오늘의 회동은 우리 세 사람밖에 모르니 걱정하지 마십시오. 비밀이 누설된다면 이는 두 분의 입을 통해서일 뿐입니다."

"그렇군, 우리만 입을 다물면 되겠네."

한강자와 위환자는 적당한 때가 되면 조양자 군대와 협력할 것을 굳게 약속했다. 조양자는 그 소식을 듣고 크게 기뻐하며 장맹담에게 두 번 절했다.

일격 필살의 타이밍

앞서 두 왕과 모의를 마친 장맹담이 절차상 지백에게 문안을 드리고 나오는데, 원문 밖에 있던 지백의 일족 지과가 황급히 안으로 들어가 말했다.

"두 왕이 모종의 계획을 꾸미는 게 분명합니다."

"그게 무슨 말인가?"

"제가 좀 전에 장맹담과 원문에서 마주쳤는데 걸음걸이가 당당했습니다. 뭔가 확신하지 않고는 지금과 같은 상황에 그런 태도를 보일 수 없습니다."

"하하, 그대가 잘못 본 것이다. 나는 두 왕과 함께 조양자 땅을 세 조각으로 나누어 갖기로 약속했는데 어찌 배신하겠는가. 바야흐로 승리가 목전에 있다. 아군의 단합을 해치는 말은 입 밖에도 내지 마라."

지백은 호탕하게 웃으면서 그의 지나친 경계심을 비웃었다. 하지만 지과는 수긍하지 않고 한강자와 위환자를 만나고 돌아와 거듭 주의를 환기했다.

"두 왕의 안색이 어둡고, 마음이 흔들리는 기색이 역력합니다. 그들은 반드시 전하를 배반할 것입니다."

"우리 군대가 진양 땅에 들어온 지 3년이나 되었다. 이제 성을 함락하는 것은 시간문제다. 이제 와서 어찌 두 왕이 다른 마음을 품겠느냐. 썩 물러가라."

"하는 수 없군요. 하지만 전하께서 그들에게 죽음을 당하지 않으려면 끝까지 친근하게 대하셔야 할 겁니다."

"계속 헛소리를 할 참인가?"

"전하, 제발 제 말을 들어보십시오. 위환자에게는 조가, 한강자에게는 단규가 있습니다. 두 사람 다 주군의 마음을 돌릴 수 있는 모신이니 전하께서 그들을 불러 약속하십시오. 조나라를 쳐부수고 나면 그들의 자식에게 인구 1만의 현을 하나씩 주겠다고 말입니다. 그러면 두 왕은 절대 변심하지 않을 것이며, 전하께서도 반드시 뜻을 이루실 수 있습니다."

"조나라를 쳐부수고 나서 그 국토를 삼분하기로 했는데, 일개 신하의 자식들에게까지 땅을 나눠준다면 나는 죽 쒀서 개 준 꼴이다. 말도 안 되는 소리 그만 하라."

지백이 화를 내며 간언을 받아들이지 않자 실망한 지과는 자신의 성 姓을 보씨輔氏로 바꾸고, 사신을 자청하여 진양 땅에서 떠났다. 첩자에게서 그 소식을 전해 들은 장맹담은 쾌재를 불렀다. 그가 확신에 차서 조양자에게 말했다.

"소신이 일전에 지과와 마주쳤는데, 그의 눈에 소신을 의심하는 빛이 역력했습니다. 그가 지백을 알현한 뒤 성을 바꾸고 사라졌다고 하니, 우리가 오늘 밤 공격하지 않으면 지백이 생각을 바꿀 가능성이 있습니다."

"과연 그렇군. 즉시 공격을 개시하세."

조양자는 그날 아침 한강자와 위환자에게 야습을 통보하고, 은밀히 병력을 집결했다. 이윽고 어둠이 깔리자 조양자의 결사대가 진수의 제방을 급습해 점령하고, 물줄기를 지백의 진영 쪽으로 돌렸다. 갑작스럽게 격류가 몰아닥치자 지백의 진영에서는 일대 혼란이 일어났다. 그 와중에 조양자 군대가 정면에서 들이치고 한강자와 위환자의 병력이 내부에서 호응하자, 막강한 지백의 군대도 어찌할 바를 모르고 한순간에 궤멸했다.

천하를 호령하던 지백은 사로잡혀 참살 당했고, 진나라는 조·한·위 세 나라로 나눠졌다. 충신의 조언을 듣지 않고 탐욕에 눈이 먼 지백의 운명과 함께 지씨의 영광은 물거품이 되었고, 훗날 지과의 보씨만 영화를 누렸다.

말에는 없는 말 | 일세의 영걸 지백은 성공을 목전에 두고 샴페인을 너무 일찍 터뜨리는 바람에 한순간 나락으로 떨어졌다. 승부는 언제나 미세한 부분에서 갈리는 법. 양측 모두 전장의 국면을 정확하게 읽었지만, 지과를 믿지 않은 지백은 조양자와 장맹담의 굳은 신뢰와 호흡을 따라잡을 수 없었다. 역사는 일격의 타이밍이 조금 더 빠른 조양자의 손을 들어주었다.

따지고 보면 진양성을 두고 벌인 싸움은 조양자와 지백의 참모인 장맹담과 지과의 싸움이다. 그들은 상대방의 걸음걸이와 표정, 말하는 태도만 보고도 무슨 생각을 하는지 파악할 수 있는 화술의 전문가들이다. 그들의 후예가 완성한 중국의 병법 총서 《모략謀略》에는 말에는 없는 말, 보디랭귀지의 형태가 다양하게 묘사되었다.

'상대방이 대화 도중에 팔짱을 끼면 문제를 골똘히 생각하고 있으며, 머리를 치켜들고 가슴을 쫙 펴면 자신감에 차 있다는 뜻이다. 양발을 흔들면 불안해서 대책에 고심하고, 반대로 발을 가볍게 들면 마음이 편안한 상태다. 대화를 마치고 나갈 때 고개를 숙이고 걸음걸이가 무겁다면 상대의 기분이 몹시 어지러운 상황이다.'

천지와 인간의 이치를 두루 펜다는 위편삼절韋編三絶의 책 《주역周易》에도 비슷한 내용이 있다.

'말이 자연스럽지 못하고 부끄러워하는 기색을 드러내면 그자의 마음에는 미안한 일이 있는 것이다. 말이 집중되지 못하고 연약하기 짝이 없는 사람은 사물에 대한 자기주장이 결여되었다. 말이 구슬을 꿰는 것 같은 사람은 성격이 급하다. 위선적인 사람은 말이 일정치 않고 진실하지 못하다. 대화 도중 상대에게서 몸이 말하는 바를 캐낼 수 있다면 당신의 입은 한결 가벼워질 것이다.'

저를 죽이십시오
—조양자와 장맹담의 신의

떠날 때

진양성 전투에서 위환자, 한강자와 합세하여 지백을 물리치는 데 결정적인 모략을 꾸민 장맹담은 이후 좌사마로서 조정을 평안케 하고 국토를 넓혀 조나라의 황금기를 이끌었다. 몇 년 뒤 나라가 안정되자 그는 조양자에게 선왕 조간자趙簡子의 치적을 칭송하며 사직을 청했다.

"선왕께서는 일찍이 다섯 군주가 천하의 뭇 제후들을 다스린 것은 군주의 권세가 신하를 누를 수 있었고, 신하가 군주를 결코 누를 수 없도록 했기 때문이라고 말씀하셨습니다. 이런 까닭에 영달하여 제후가 된 자는 재상이 될 수 없었으며, 장군보다 위에 있는 자는 측근의 대부로 삼지 않았습니다."

"그것이 공과 무슨 관련이 있소?"

"지금 소신의 이름은 강호에 진동하고 일신은 존귀하며, 권위도 무겹습니다. 이는 한 나라의 신하로서 결코 받아들일 만한 것이 아닙니다. 그러므로 저는 조정에서 물러나 초야에 묻히고 싶습니다."

조정의 대소사를 그에게 의지하던 조양자는 손사래를 쳤다.

"제발 그런 말씀은 하지 마시오. 군주를 보필하는 자는 당연히 이름이 알려지고, 공이 많은 자는 일신이 존귀하며, 국정을 맡은 자는 권세가 무겁게 마련이오. 거기에 충성심만 더한다면 뭇사람이 감동하여 복종하는 것이 아니겠소. 이것이야말로 예부터 성인들이 국가를 세우고 사직을 편안케 한 이유일 것이오."

"주군의 말씀은 공을 세운 자의 영예, 소신의 말은 나라를 보존하는 길입니다. 이룩한 일들을 보고 옛일을 듣건대 천하가 좋다는 것은 한결같아, 군신의 권세가 균등한 예가 없습니다. 기왕의 일들을 잊지 않는다는 것이 금후의 일에서 본보기가 됩니다. 주군이 기왕의 일들 때문에 금후의 일을 도모하지 않는다면 소신의 힘도 미치지 못합니다."

장맹담의 눈에는 비장함까지 감돌았다. 조양자는 하는 수 없이 그의 뜻을 받아들였지만, 나라의 동량을 잃는다는 아쉬움에 사흘 동안 자리에서 일어나지 못했다. 그러다 겨우 정신을 차린 조양자는 장맹담에게 사신을 보내 물었다.

"진양성 전투 때의 상벌이지만 신하로서 출사를 거절한 자는 어떻게 처리해야 하는가?"

"죽이십시오."

사신은 돌아와 그 말을 전하면서 이렇게 말했다.

"좌사마는 지금까지 나라에 멸사봉공하고 있습니다. 사직을 평안케 하고 죽음까지 사양치 않으며 충성을 다하니, 이제 그의 소원을 들어주십시오."

장맹담은 자기의 업적이나 명성에 연연하지 않고 봉지를 반납했으며, 모든 직책을 버리고 고향에 내려가 농사를 지었다. 이를 두고 사람들은 감탄하면서 '현인의 행위, 명주의 정사'라고 일컬었다.

돌아올 때

3년 뒤 한·위·제·연 네 나라가 연합하여 조나라를 치려고 했다. 그러자 다급해진 조양자가 장맹담을 찾아가 물었다.

"예전에 지백의 영지를 나눌 때 우리가 성을 열 개 더 취했소. 이 때문에 저들이 모의를 하는데 어찌 대비해야겠소?"

"주군께서는 저와 함께 진양으로 가시지요. 그곳에서 제게 이대부 벼슬을 제수하시면 저들이 연합하지 못하도록 계책을 꾸미겠습니다."

"듣던 중 반가운 말씀이오."

장맹담이 조나라의 이대부로 다시 등장하자, 한·위·제·연 네 나라는 바짝 긴장하여 사태의 추이를 살펴보았다. 이에 장맹담은 자기 아내를 연나라, 장남은 한나라, 차남은 위나라, 막내는 제나라로 보냈다. 그러자 네 나라가 서로 의심하면서 모사謀事가 이루어지지 못했고, 자연히 조나라는 위기에서 벗어났다.

진퇴를 분명히 하라 | 역사상 성공한 군주와 그를 보필한 신하가 함께 영화를 누린 일은 극히 드물다. 군주는 신하의 권력이 커질수록 자신의 사후 문제가 염려되기 때문이다. 한고조 유방과 회음후 한신의 관

계가 그러했고, 조조와 순욱의 관계가 그러했다. 그런 면에서 조양자와 장맹담의 관계는 유비와 제갈량처럼 군신의 믿음이 끝까지 지속된 흔치 않은 경우다. 어느 시인의 말처럼 때를 알고 떠나는 이의 뒷모습은 아름답다. 장맹담은 죽음을 불사하면서까지 진퇴를 분명히 함으로써 군주에게는 명분을, 자신에게는 명예를 선사했다.

당신의 생애가 비참해지기를 원한다면 자신에 관해서만 생각하면 된다. 그리고 자신이 바라는 것만, 자신이 좋아하는 것만, 모든 사람들이 당신만 존경하기를, 남들이 당신을 어떻게 사랑하는지만 신경 쓰면 된다.

선비는 자기를 알아주는
사람을 위해 죽는다
―지백에게 보답한 예양

충성과 예의는 다르다

진나라 필양 출신의 선비 손예양은 처음에 범씨와 중행씨를 섬겼지만, 별다른 대접을 받지 못하고 지백에게 몸을 의탁했다. 그러던 중 지백이 진양성 전투에서 조양자에게 불의의 패배를 당해 목숨을 잃고, 그의 영지는 갈기갈기 찢어졌다. 당시 조양자는 지백의 두개골을 쪼개 그릇을 만들었고, 예양은 산속으로 도망치며 다짐했다.

"남자는 자신을 알아주는 자를 위해 죽고, 여자는 자신을 사랑하는 자를 위해 화장한다고 했다. 나는 지씨를 위해 반드시 조양자에게 복수할 것이다."

그 후 예양은 이름을 바꾸고 신분을 숨긴 채 조양자 저택의 미장이로 들어가서 변소의 벽을 칠하며 기회를 엿보았다. 어느 날 변소에 가던 조양자가 이상한 느낌이 들어 벽을 바르는 자를 잡아 심문하니 지백의 신하 예양이었다. 그때 예양은 위험천만하게 흙손에 칼날을 매달고 있었다.

"그대는 왜 나를 죽이려 하는가?"

"주군인 지백의 복수를 위해서다."

포로가 된 예양은 당당히 대답했다. 분개한 측근들이 그를 죽이려 하자, 조양자는 이렇게 말하며 풀어주었다.

"예양은 의로운 사람이다. 내가 몸조심하면 되는 일이니 죽일 것까지는 없다. 지백이 죽고 후계자도 없는데, 신하가 죽은 주인을 위해 보답하려 한다. 이런 사람이야말로 천하의 현인이 아니겠는가."

하지만 예양은 풀려난 뒤에도 여전히 복수를 꿈꾸었다. 그는 몸에 옻칠을 하고 수염과 눈썹을 밀어 나병 환자로 위장했다. 게다가 자기 손으로 몸에 상처를 내고 용모까지 바꾸었다. 그가 거지 흉내를 내면서 집에 들어서자 아내는 용모를 알아보지 못했지만, 목소리를 듣고 남편임을 알아챘다. 그러자 그는 숯을 삼켜 목소리마저 바꾸었다. 그런 예양에게 한 친구가 말했다.

"그대의 방법은 성공하기 어렵다. 그것을 훌륭한 심성이라고 한다면 그럴지도 모르지만, 지혜로운 행동이라고 한다면 거짓말이다. 어찌하여 그대는 조양자를 섬기지 않는가. 그대의 재능이라면 능히 조양자의 총애를 받고도 남는다. 그런 연후에 대사를 도모하는 게 차라리 낫지 않은가?"

예양이 웃으면서 대답했다.

"그러면 앞의 지기를 위해 나중의 지기에게 복수하고, 옛 주인을 위해 지금의 주인을 살해하는 것이니 군신의 도를 크게 어지럽히는 짓이다. 선비로서 어찌 그와 같은 짓을 할 수 있겠는가. 나는 다만 군신의 도를 명백히 하려 함이니 어찌 안이한 길을 택하겠는가. 내가 조양자에게 신하의 예를 행하다가 그를 죽이려 한다면, 이는 두 마음을 품고 군주에게 봉사하는 것이다. 내가 곤란하다는 것을 알면서 굳이 이런 방법을 택하는 것은 후세의 신하들에게 두 마음을 품는 일이 얼마나 부끄러운지 알려주기 위함이다."

죽음으로 보답하다

얼마 후 예양은 조양자가 외출한다는 정보를 입수하고, 그가 지나갈 다리 아래 잠복해서 기회를 노렸다. 그런데 조양자가 그 다리에 다다르자 말이 걸음을 멈추고 울부짖었다.

"말이 놀라는 것을 보니 이 아래 예양이 있나 보다."

사람들이 조양자의 명에 따라 다리 아래를 수색해보니 과연 예양이 있었다. 조양자는 사로잡힌 예양을 보고 엄히 꾸짖었다.

"그대는 옛날에 범씨와 중행씨를 섬겼다. 지백은 그들을 멸망시킨 장본인이다. 그런데 그대는 옛 주인을 위해 복수하지 않고 도리어 신하의 예를 행했으며 지백에게 봉사했다. 이제 지백은 죽었는데 무엇 때문에 고집스럽게 그의 복수를 하려는가?"

"범씨와 중행씨는 나를 중책에 기용하지 않았으므로 나도 그에 걸맞은 일을 했을 뿐입니다. 하지만 지백은 나를 국사로 대접했으니 나도 국사의 입장에서 보은하려는 것입니다."

예양의 답변을 들은 조양자는 깊이 탄식했다.

"아아, 예양이여, 그대가 지백을 위해 하는 일은 훌륭하게 면목이 서는 일이다. 나는 지금까지 그대를 관대히 보아 용서했지만 이제는 봐

줄 수가 없다."

그러자 예양이 화답했다.

"현명한 군주는 사람의 절조와 도의를 숨기려 하지 않으며, 충신은 생명을 내던져 그 이름을 보전한다 했습니다. 전하는 우선 관대히 저를 용서해주셨습니다. 그리하여 지금 천하에 전하의 현덕을 칭송하지 않는 이가 없습니다. 이제 저도 처벌 받아야 합니다. 원컨대 전하의 옷이라도 베어 지백에게 보은코자 하니 허락해주십시오. 그러면 저는 죽어도 여한이 없을 것입니다."

그 의기에 감동한 조양자는 즉시 겉옷을 벗어 예양에게 주었다. 그러자 예양은 검을 들고 세 번 그 옷을 베면서 "나는 이것으로 지백에게 보답했다"고 소리치더니 자기 목을 찔렀다. 이 이야기가 세상에 전해지자 조나라 사람 가운데 눈물 흘리지 않는 이가 없었다.

제대로 대접 받을 줄 아는 사람 | 선비 예양은 왜 그토록 지백의 은혜에 집착했을까. 그는 왜 조양자의 거듭된 회유에도 불구하고 자신의 목숨을 바쳤을까. 공자의 일화에 그 해답이 있다.

공자가 제자들과 함께 천하를 주유하다가 길을 잃었다. 일행은 산속에서 헤매다가 작은 오두막을 발견했다. 지친 몸을 이끌고 오두막에 들어선 공자 일행은 늙은 집주인에게서 음식을 대접 받았다.

그런데 집주인은 연신 손등으로 콧물을 훔치면서 좁쌀죽을 끓여 더럽고 이 빠진 그릇에 담아내는 것이 아닌가. 제자들은 그 모양을 보고 입맛이 떨어져 음식에 손도 대지 않았다. 하지만 공자는 훌훌 입김을 불며 아주 맛있게 먹었다.

"선생님, 음식이 그렇게 맛있습니까?"

자공이 의아해서 묻자 공자가 대답했다.

"너희는 늙은 주인의 콧물과 이 빠진 그릇을 보았을 뿐, 손님을 대하는 아름다운 성의와 친절은 보지 못했구나. 사람은 대접할 줄 알아야 하지만 대접 받을 줄도 알아야 하느니라."

훗날 누가
당신과 함께 일을 도모하겠습니까?

―진나라 왕에게 경고한 망묘

새우를 꿰어 고래를 낚다

위나라 장군 망묘가 제나라를 치기 위해 우선 진나라로 가서 소양왕을 설득했다.

"전하의 신하 중에는 타국에서 이익을 도모하는 자가 없습니다. 저는 '현명한 왕은 내통자를 외면하고 일을 꾸미지 않는다'고 들었습니다. 지금 전하께서 위나라에 바라는 것은 장양·왕옥·낙림 땅이 아닙니까? 위나라가 그 땅을 바치게 할 테니, 전하께서는 제가 제나라를 도모할 수 있도록 원군을 보내주십시오."

소양왕 입장에서는 망묘의 제안이 손 안 대고 코 푸는 격이라 마다할 이유가 없었다. 진나라의 원군을 확보한 망묘는 돌아와 위나라 왕에게 말했다.

"지금 전하께서 걱정하시는 것은 상지上地 땅입니다. 먼저 장양·왕옥·낙림 땅을 진나라에 주면 우환이 사라질 것입니다. 그런 다음 진나라의 원군을 받아 제나라를 치면 더 많은 땅을 얻을 수 있습니다. 이는 새우를 꿰어 고래를 낚는 계책입니다."

"그대의 말에 일리가 있다."

위나라 왕은 망묘의 진언에 따라 즉시 세 지역을 진나라에 넘겨주었다. 하지만 몇 달이 지나도 진나라에서 원군을 보내주지 않자 망묘가 탄식했다.

"소신의 죄가 큽니다. 하지만 제가 죽으면 진나라와 우리의 약속이 파기되고, 전하께서도 그들을 책망할 수 없습니다. 제가 다시 진나라로 가서 약속을 이행하라고 요구하겠습니다."

그리고 부리나케 진나라로 가서 소양왕에게 따졌다.

"위나라가 장양·왕옥·낙림 땅을 바친 것은 전하의 원군을 맞아 제나라를 치기 위해서입니다. 하지만 전하께서 원군을 보내주지 않으니 저는 죽음을 모면할 수가 없는 처지가 되었습니다. 이는 산동의 인사 중에서 전하를 섬기고 함께 이익을 도모할 자가 없어진다는 뜻입니다. 군왕이 약속을 지키지 않는다면 훗날 어느 신하가 함께 일을 도모하겠습니까?"

망묘의 냉정한 추궁에는 한 치도 어긋남이 없었다. 그러자 당황한 소양왕이 그를 달랬다.

"그동안 나라 안에 복잡한 일이 있어 원군을 보낼 여유가 없었다. 내 어찌 그대와 한 약속을 어기겠느냐. 걱정하지 마라."

열흘 뒤 진나라의 군대가 위나라에 도착했다. 이에 망묘는 위·진 연합군의 총대장이 되어 제나라를 공격한 끝에 22현을 빼앗았다.

적극적으로 약속 이행을 요구하라 | 망묘는 조국 위나라를 위해 진나라에 땅을 떼어주고 원군을 끌어들여 더 많은 땅을 빼앗는 계획을 실천했다. 이는 조금이라도 어긋나면 나라에 엄청난 피해를 줄 수 있는 프로젝트다. 하지만 그는 믿음과 용기로 일을 추진했고, 목적한 바를 달성했다.

그는 위기에 처하자 진나라 왕에게 약속을 이행하라고 적극적으로 요구했다. 군왕의 약속은 범인들의 그것과 다른 법, 이행 여부에 따라 천하의 평판이 좌우된다는 점을 강조한 것이다. 망묘는 대의명분을 이용한 설득의 묘책으로 자기의 목적을 달성했다.

세상에는 세 가지 사람이 있다. 첫째 무엇을 창조하는 소수요, 둘째 무엇이 창조되는지 구경하는 몇몇 사람이며, 셋째 무엇이 창조되는지조차 모르는 수많은 사람이다. 당신은 어느 타입인가?

당신은 내게 무엇을 원하십니까?
— 자객 섭정과 누이의 의리

의협의 전설

한나라의 재상 한괴(韓傀)와 상경 엄수는 견원지간으로 조정에서 한 치도 양보하지 않고 다투었다. 바른 말 잘하기로 소문난 엄수가 한괴의 비리를 폭로하자, 한괴 역시 엄수의 잘못을 질타했다. 화가 난 엄수가 칼을 뽑아 휘둘렀지만, 한괴는 재빨리 달아나 위기를 모면했다. 이후 엄수는 한괴의 위협에 전전긍긍하다가 결국 한나라를 탈출하여 유랑하는 신세가 되었다.

원한에 사무친 엄수는 한괴를 죽일 만한 인물을 수소문한 끝에 제나라까지 들어갔다. 당시 제나라에는 유명한 무사 섭정이 늙은 어머니가 머무르는 개백정 무리에 몸을 의탁하고 있었다. 섭정을 찾아간 엄수는 그와 친하게 지내면서 물심양면으로 지원했다. 그러자 섭정이 엄수에게 다른 뜻이 있음을 눈치 채고 물었다.

"내게 부탁하고 싶은 일이 있습니까?"

"절박한 사정이 있기는 합니다만 어찌 이런 일을 함부로 발설할 수 있겠습니까?"

속마음을 감춘 엄수는 섭정의 어머니에게 술을 권하고 백금을 쥐여주며 무병장수를 빌었다. 섭정은 분에 넘치는 호의에 안색을 찌푸리고 말했다.

"우리가 가난해서 둥지 없이 떠돌며 개백정같이 천한 일을 하지만, 끼니는 거르지 않으니 이유 없이 선물을 받을 까닭이 없습니다. 보아하니 당신은 분명히 내게 원하는 바가 있는 듯한데 어서 본심을 털어놓으시지요."

엄수는 비로소 자신의 속내를 꺼내 보였다.

"내가 한나라를 빠져나와 여러 나라를 배회한 것은 복수를 하기 위해서입니다. 그러다 제나라에 와서 당신이 절의가 있는 인물이라는 얘기를 들었습니다. 내가 당신에게 백금을 드리는 이유는 모친의 식사에 도움을 드리고 그대와 교분을 두텁게 하기 위함일 뿐, 달리 무엇을 부탁하고자 함이 아닙니다."

하지만 섭정은 굳은 얼굴을 펴지 않았다.

"듣고 보니 당신의 의도가 무엇인지 알겠습니다. 지금 내가 세간의 명리를 버리고 몸을 낮추며 사는 것은 오로지 늙으신 어머니를 편히 모시기 위함입니다. 어머니께서 건재하시는 한 내 몸을 남에게 내줄 수가 없습니다."

섭정은 단호하게 말하며 백금을 돌려주었다. 그의 태도가 완강한지라 엄수는 어쩔 도리가 없었지만, 헤어질 때까지 예의를 다했다. 몇 년 뒤 섭정의 어머니가 늙어 숨을 거두었다. 복상의 기한이 지나 상복을 벗은 섭정은 엄수가 위나라에 있다는 소문을 듣고 중얼거렸다.

"돌이켜보니 나는 칼을 쓰는 천한 무사에 불과하다. 그런데 엄수는 귀한 상경의 신분으로 천 리를 멀다 하지 않고 달려와 나를 대접했다. 그동안 나는 은혜를 입었지만 하나도 돌려준 것이 없다. 더군다나 그는 백금으로 어머니의 무병장수를 축원했으니 그 정을 어떻게 잊을 수 있겠는가. 그런 인물이 분노를 참지 못하고 입술을 깨물면서도 타락해 숨어 사는 나 같은 무리를 신뢰해주었는데, 내 어찌 망연히 앉아 있을 수 있겠는가. 이제 어머니께서 천수를 다하셨으니 거리낄 것이 없다. 지금이야말로 지기를 위해 이 한 몸 바칠 기회다."

섭정은 서쪽 위나라에 가서 엄수를 만나 자초지종을 물었다.

"이제 어머니께서 돌아가셨으니 무사로서 당신의 복수를 대신하고 싶습니다. 당신의 원수가 대체 누구입니까?"

"한나라 재상 한괴입니다. 그는 한나라 왕의 숙부라 세력이 대단하고 호위병까지 있으므로 죽이기 어렵습니다. 그대가 옛정을 잊지 않고 와주니 고맙기 한량없습니다. 거사가 성공할 때까지 뒷바라지는 걱정하지 마십시오."

섭정이 고개를 저었다.

"한나라와 위나라는 매우 가깝습니다. 더군다나 한괴는 재상이고 군주의 친척이니, 준비 기간이 길거나 사람을 많이 동원하면 기밀을 유지하기 어렵습니다. 그러면 당신은 한나라 전체의 원수가 될 테니 이 일은 제게 맡겨주십시오."

엄수와 작별한 섭정은 장검 한 자루를 들고 한나라로 들어갔다. 때마침 한나라에서는 동맹의 모임 때문에 왕과 대신들이 모였고, 병사들이 삼엄하게 경호했다. 그러나 섭정은 모임 장소에 이르자마자 추호의 망설임 없이 칼을 뽑아든 다음 병사들을 닥치는 대로 베며 한괴에게 다가갔다. 갑자기 등장한 자객에 대경실색한 한괴가 애첩을 끌어안고 얼굴을 감추려 하자, 섭정은 비호처럼 달려들어 두 사람을 한꺼번에 베었다.

그 사건으로 현장은 온통 아수라장이 되었다. 섭정은 노성을 지르면서 자기를 공격하는 병사 수십 명을 도륙한 다음 자결을 시도했다. 그는 자기의 정체를 숨기기 위해 스스로 얼굴 가죽을 벗기고, 눈알을 도려냈으며, 배를 갈라 내장까지 끄집어냈다.

그가 죽은 뒤 한나라 조정에서는 자객의 정체를 알아내려고 백방으로 손을 썼지만, 시신이 워낙 훼손되어 식별이 불가능했다. 분노한 한나라 왕은 섭정의 목을 성문에 효수하고 천금을 내걸어 그의 신분 내력을 캐려 했다.

자객의 누이

이때 제나라에 살던 섭정의 누이가 한나라에서 벌어진 참상의 소문을 들었다. 그녀는 천하에 그와 같은 일을 벌일 사람은 동생 섭정뿐이라고 생각했다.

"내 동생은 현인이라 신의를 중히 여겼으므로 그런 일을 벌였을 것이다. 어찌 내 목숨 하나 아끼려고 청사에 그의 이름을 잊히게 할 수 있겠는가."

그녀는 곧장 한나라로 달려가 시신을 자세히 살펴본 다음 한나라 왕에게 말했다.

"전하, 한 사람의 무인으로서 의기와 명예가 높은 것이 얼마나 훌륭합니까. 이는 옛날의 용자 맹분이나 하육은 물론, 형가보다 낫습니다. 이 사람이 죽을 때까지 자기 이름을 내세우지 않은 것은 사고무친한 제게 폐를 끼칠까 염려한 까닭입니다. 하지만 저는 일신의 안녕을 위해 동생의 이름을 청사에 말살할 수는 없습니다. 들으십시오. 이 사람은 내 동생으로 지(軹) 땅의 심정리에 살던 섭정입니다."

말을 마친 누이는 섭정의 시신을 끌어안고 한동안 통곡하더니 칼을 물고 자결했다. 이 소문이 천하에 퍼지자 사람들은 의로운 남매의 비극을 안타까워했다.

"섭정도 훌륭하지만 그 누이도 열녀로다."

오늘날까지 섭정의 협명이 전해지는 것은 이처럼 누이가 형벌을 두려워하지 않고 동생의 이름을 세상에 알렸기 때문이다.

열정의 대가 | 예일대 교수 윌리엄은 《교육의 감격》에서 다음과 같이 말했다.

'내게 가르친다는 것은 기술이나 직업 이상이다. 그것은 일종의 열정이다. 화가가 그림을 그리면서 자신을 던지듯이, 가수가 노래 부르며 영혼을 싣듯이, 시인이 시를 쓰며 피를 토하듯이 나는 학생들을 가르치는 일을 사랑한다. 그리하여 나는 아침에 일어나면 제일 먼저 학생들을 떠올리며 기쁨을 느낀다.'

열중한다는 것은 자신을 사랑하는 것이다. 열정적이지 않은 사람은 실패하지 않는다 하더라도 대개 하루하루를 지겹게 보내고 만다. 그런 사람에게는 아무도 믿음이나 성원을 보내지 않는다. 실패를 두려워하는 사람은 스스로 실패를 불러들이고 있다고는 꿈에도 생각지 못한다. 자신에게 성공할 능력이 있음을 알지 못하는 것이다.

유명한 변설가 장의張儀는 부인에게 자신의 혀를 내보이며 "이것만 있으면 나는 반드시 성공할 수 있다"고 큰소리를 쳤다. 이는 그가 자만해서 그런 것이 아니라 자신에 대한 믿음과 긍지가 있었기 때문이다. 결국 그는 유세객으로서 최고의 자리에 올랐다. 자신에 대한 확신이 당신을 성공으로 이끈다.

나는 그를 믿는다
―효성왕과 이백의 관계

군주와 신하의 신의

조나라 효성왕에게 제나라 출신 유세객 이백이 찾아왔다. 그와 한동안 대화를 나눈 효성왕은 매우 흡족해하면서 대군代郡 땅의 태수로 임명했다. 얼마 지나지 않아 한 측근이 달려와 이백이 배신했다고 보고했다. 때마침 식사를 하던 효성왕은 들고 있던 수저를 내려놓지도 않은 채 소리쳤다.

"나는 그를 믿는다. 쓸데없는 소리 하지 마라."

얼마 후 다른 측근이 와서 같은 보고를 했지만, 효성왕은 미동조차 하지 않았다. 며칠이 지나고 이백의 사자가 당도해 소식을 알렸다.

"얼마 전 제나라가 대군을 동원하여 연나라 국경으로 향했습니다. 저는 제나라 군이 갑자기 말 머리를 조나라로 돌리지 않을까 염려하여 출병 준비를 갖추었습니다. 지금 제나라와 연나라는 전쟁 중입니다.

약한 쪽의 틈을 노리면 많은 땅을 얻을 수 있을 것입니다."

그때부터 효성왕을 위해 변방에 파견된 사람들은 조정의 모함을 결코 두려워하지 않았다. 🔴

의심하지 않는다 | 사람들은 개인의 능력을 자신의 모든 것이라고 생각한다. 그러나 그것은 잘못이다. 믿음이 있다면 신의 도움을 청할 수 있고, 우정이 있다면 친구의 도움을 청할 수 있다. 또 사랑이 있다면 연인의 도움을 받을 수 있다.

이백에 대한 효성왕의 신뢰는 군주의 확신 이상이다. 고금을 막론하고 출신지를 따져 피아를 가리는 세태는 흔한 일이지만, 그는 이백의 사람됨을 굳게 믿었다. 윗사람이 어떤 상황이라도 끝까지 믿어준다면 아랫사람으로서 최선을 다하지 않을 까닭이 없다. 인간관계에서 교분이란 서로 의심하지 않는 것이다. 거기서 정의가 생겨나고 도리가 깨어난다.

이제 그 시간이 되었다
— 위나라 문후의 약속 이행

약속은 지켜야 한다
위나라 문후가 길일을 잡아 산택山澤을 관장하는 관리들과 사냥하러 가기로 약속했다. 시일이 흘러 어느덧 약속한 날짜가 되었다. 그날 아침 문후는 신하들과 함께 연회를 하고 있었는데, 갑자기 하늘이 어두워지더니 뇌성벽력이 치면서 비가 쏟아지기 시작했다. 문후가 자리를 털고 일어나 출궁을 서두르자 신하들이 말렸다.

"전하, 오늘은 주연을 즐기고 계신데다 비가 내리는데 어딜 가려 하십니까?"

"나는 오늘 관리들과 사냥을 하기로 약속했다. 이제 그 시간이 되었으므로 가려는 것이다. 아무리 날씨가 험하고 술자리가 흥겹다 해도 아랫사람과 한 약속은 지켜야 하지 않겠는가."

문후는 이렇게 대답하고 사냥터에 가서 기다리던 관리들을 만났다.

하지만 그때까지 폭우가 그치지 않았으므로 그들의 양해를 얻어 사냥을 포기했다. 군주가 약속을 천금같이 여기자 함부로 허언을 내뱉는 신하들이 없어졌고, 위나라는 비로소 강해졌다.

제 환공의 약속 이행 | 약속에 대한 더 유명한 이야기가 있다. 춘추시대의 일이다. 제나라 환공이 숙적 노나라와 싸움에서 승리한 뒤 회담을 열었다. 높게 쌓은 단 위에서 제나라 환공과 노나라 장공이 마침내 마주 섰다. 장공이 항복문서에 조인하면 회담이 끝나는 상황이었다. 그런데 갑자기 노나라의 장군 조수가 단에 올라와 환공의 목에 칼을 들이대면서 말했다.

"전하! 우리 노나라가 빼앗긴 땅을 돌려주시겠습니까, 아니면 목숨을 내놓으시겠습니까?"

깜짝 놀란 환공은 얼떨결에 승낙하지 않을 수 없었다.

"좋아, 그렇게 하지."

조약은 파기되었고 양측 제후들은 단 아래로 내려왔다. 환공은 다급한 나머지 조수의 협박을 들어주었지만, 생각할수록 괘씸하기 짝이 없었다. 어찌 전쟁에서 패한 나라의 장수가 항복문서를 조인하는 자리에서 승자에게 칼을 들이대고 협박한단 말인가. 급기야 환공은 조수를 죽이고 약속을 파기하려 했다. 그러자 명재상 관중이 말렸다.

"전하, 부득이한 경우를 당했다 해도 약속은 약속입니다. 지금 전하께서 조수의 목을 베기란 손바닥 뒤집기보다 쉬운 일입니다. 그러나 약속을 지키지 않으면 신의에 어긋날 뿐만 아니라 천하의 웃음거리가 될 것입니다."

환공은 관중의 간곡한 말에 마음을 바꾸고 빼앗았던 노나라 땅을 모조리 돌려주었다. 그러자 세상 사람들의 찬사가 쏟아졌다.

"환공은 신의가 있는 군주다."

환공이 여러 제후국들을 규합하여 천하의 패자가 된 것은 불과 1년 뒤의 일이다.

부끄러움을 모르면
천 리의 땅도 무용지물이다
— 위나라 왕의 대갈일성

염치를 알아야

위衛나라의 죄인 한 사람이 이웃에 있는 위魏나라로 도망쳤다. 위나라 왕이 백금을 걸고 죄인을 돌려달라고 했지만 들어주지 않았다. 이에 위나라 왕은 드넓은 좌씨左氏 땅까지 제시하면서 도망친 죄인을 돌려달라고 청했다. 그러자 여러 신하들이 일제히 들고 일어났다.

"백금에 넓은 땅까지 합하여 죄인을 돌려달라는 것은 너무 심합니다. 그깟 죄인이야 나라 밖에 있으니 심려하실 일이 아니잖습니까?"

그러자 왕은 손사래를 치며 선언했다.

"치란治亂에는 대소가 없다. 내가 우리 백성을 덕으로 교화하여 일깨운다면 300리의 성읍이라도 다스릴 만하지만, 백성에게 부끄러움이 없다면 좌씨와 같은 땅이 열 개가 있다 해도 애써 다스린들 무슨 소용이 있겠는가."

일벌백계—罰百戒 │ 위나라 왕은 죄인을 넘겨받은 뒤 백성이 보는 앞에서 참수형에 처했다. 이후 위나라 백성은 함부로 국법을 어길 수가 없었다. 군주가 남의 나라로 도망친 죄인을 끈질기게 소환하여 처벌하는 장면을 생생하게 보았기 때문이다.

지도자가 철저한 준법정신을 바탕으로 신상필벌을 명확히 한다면 어떤 위기가 닥쳐도 냉철하게 극복할 수 있다. 전국시대 변방의 약소국이던 위나라 군주의 대갈일성大喝一聲은 아무리 궁핍하더라도 결코 자존심과 긍지를 잃어서는 안 된다는 점을 깨우친다.

은혜와 원한이 어찌 이리 가까운가!

―중산국 왕의 탄식

요리와 도시락

중산국 왕이 나라의 사대부를 불러 모아 향연을 베풀었다. 그런데 손님이 너무 많아서 미리 준비한 양고기 요리가 금세 바닥을 드러냈다. 이때 요리를 대접 받지 못한 유세객 사마기가 앙심을 품고 초나라로 달려가 중산국을 정벌하라고 꼬드겼다.

얼마 후 초나라 대군이 중산국을 침공했다. 초나라와 싸워 분패한 중산국 왕이 군사를 모두 잃고 나라 밖으로 도망치는데, 문득 뒤편에서 두 사람이 창을 들고 추격했다. '이젠 글렀구나' 생각한 왕은 도주를 포기하고 말에서 내려 그들에게 물었다.

"너희는 대체 누구냐?"

그러자 두 사람이 말에서 내려 무릎을 꿇고 대답했다.

"옛날 저희 부친이 굶어 죽을 지경이 되었을 때 전하께서 도시락을 나누어준 덕에 목숨을 건졌다고 합니다. 그분이 돌아가실 때 중산국에 위기가 닥치면 목숨 바쳐 전하를 지키라고 하셨습니다. 그래서 오늘 전하의 뒤를 따르는 것입니다."

그 말을 들은 중산국 왕은 하늘을 우러르며 탄식했다.

"사람에게 물건을 줄 때는 그 많고 적음에 있는 것이 아니라 가장 곤궁할 때 줘야 하며, 원한은 소행의 깊고 옅음에 있는 것이 아니라 어떻게 상대방의 마음을 상하게 했는가에 따라 정해지는구나. 나는 요리한 그릇 때문에 나라에서 쫓겨났고, 도시락 하나로 훌륭한 신하 두 사람을 만났다."

빛과 어둠 | 세상에는 항상 빛과 어둠이 존재한다. 한 나라의 쇠망은 가장 영명한 군주의 치세가 끝난 뒤에 시작되고, 영웅의 최후는 가장 사랑한 여인이나 측근들의 배신에서 비롯된다. 전국시대 칠웅에도 끼지 못한 중산국의 군주는 자국의 안전을 위해 초대한 유세객의 세 치 혀끝에 참담한 상황에 봉착했다.

이런 상황은 국가나 사회, 사소해 보이는 인간관계에서도 비일비재하다. 대개 친절과 미소로 자신을 포장한 채 암약하는 소인배는 개인적인 이해관계가 걸린 사안에서 서슴지 않고 사익을 택한다. 오랫동안 몸담아온 조직에 위기가 닥치면 가장 먼저 등을 돌린다.

역사는 이런 종류의 인간을 수없이 증언하고 있다. 일찍이 명재상 관중의 도움으로 춘추시대의 패자가 된 제 환공은 관중 사후 역아와 수초 같은 간신을 중용했다가 참혹한 최후를 마쳤다. 또 중국 최초의 통일 왕국 진나라는 진시황이 죽은 뒤 간신 이사와 조고의 간계로 황태자 부소 대신 미욱한 18번째 아들 호해가 황위에 오르면서 망조가 들었다.

지금 성공의 축배를 들고 있다면 곁에서 환호하는 사람들을 경계하라. 그들이야말로 당신이 잡은 게와 구럭을 통째로 훔쳐갈 사람들이다. 토사구팽兎死狗烹이란 말이 괜히 나온 게 아니다. 《채근담菜根譚》의 다음 구절은 우리 주변에 가까이하기도, 멀리하기도 껄끄러운 인간들이 있다는 사실을 경고해주는 것 같다.

'소인과 원수가 되지 마라. 소인에게는 나름대로 상대가 있다. 군자에게 아첨하지 마라. 군자는 사사로이 은혜를 베풀지 않는다.'

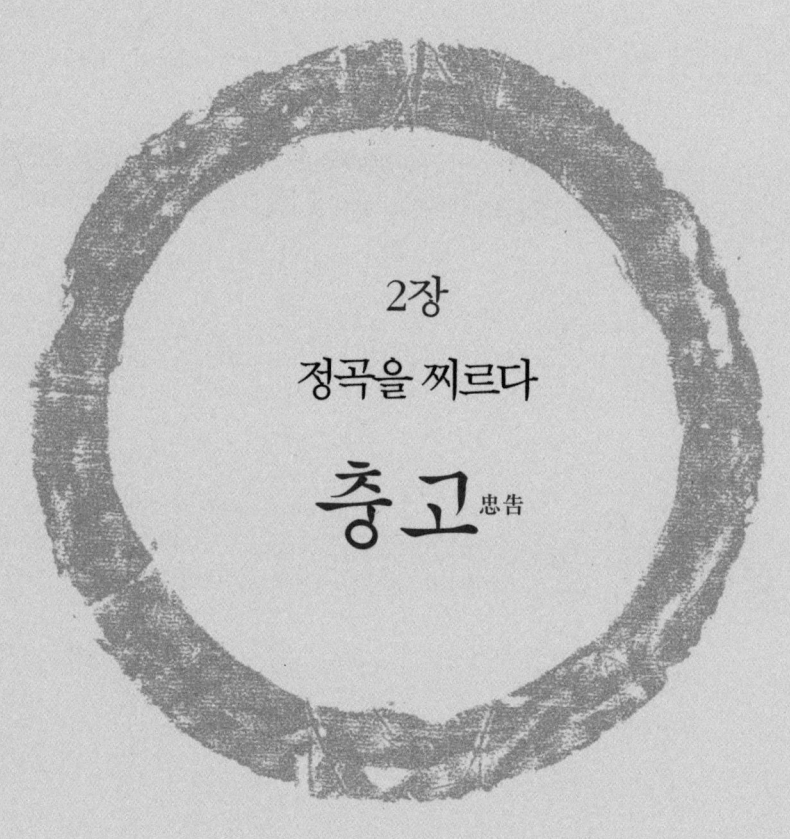

2장

정곡을 찌르다

충고 忠告

간언을 들으면 당장은 나를 거역한다고 생각하지만,
그때를 참으면 나라에 오랜 복이 된다.
한비자韓非子

어떠한 충고도 길게 하지 마라.
호라티우스 Quintus Horatius Flaccus

내일의 모든 꽃은 오늘의 씨앗에서 나온다.
중국 속담

완고한 주인을 위해 일하는 사람은 비참하다.
그러나 섬길 주인이 없는 사람은 더욱 비참하다.
오스카 와일드 Oscar Wilde

우리는 경청하지 않는 한 선조들의 교훈을 얻을 수 없다.
모티머 J. 애들러 Mortimer J. Adler

군주는 귀하지 않습니다
—안촉의 명답

지혜로운 자는 다듬어지지 않는다

제나라의 선왕이 처사 안촉을 접견하자마자 큰 소리로 명했다.

"그대는 가까이 다가오라."

하지만 안촉은 미동조차 하지 않고 대꾸했다.

"전하께서 이리로 오십시오."

선왕이 불쾌한 표정을 짓자 도열한 신하 가운데 한 사람이 안촉을 꾸짖었다.

"전하는 인군人君, 귀공은 인신人臣이다. 군왕이 신하에게 가까이 다가오라고 했는데 그대는 거꾸로 전하께 다가오라고 하다니 이 무슨 망발인가?"

안촉은 그를 힐끗 보고 다시 선왕에게 말했다.

"내가 전하 쪽으로 다가가면 권세를 좇는 비열한 사내가 되지만, 전하께서 내게 다가오면 현인을 대접하는 훌륭한 군주가 됩니다. 나를 권세에 아첨하는 사람으로 만들기보다 전하께서 현인을 대접하는 군주가 되는 것이 훨씬 낫지 않습니까?"

그러자 선왕은 마음을 누그러뜨리고 목소리를 낮추어 물었다.

"그대가 보기에 군주가 귀한가, 현사가 귀한가?"

"당연히 현사가 귀합니다. 군주 따위는 귀할 것이 없습니다."

"그 이유를 설명해보라."

"진나라가 제나라를 공격했을 때 진나라 왕은 노나라의 현인 유하계 柳下季의 무덤 50보 이내에서 나무를 베는 자는 사형을 면치 못할 것이라고 했지만, 제나라 왕의 수급을 베어오는 자에게는 1만 호의 읍에 봉하고 상금 1000일鎰을 주겠다는 포고령을 내렸습니다. 이 점만 보더라도 살아 있는 군왕의 머리는 죽은 현사의 무덤에 미치지 못하는 셈입니다."

안촉이 고사를 예로 들어 현사의 우월성을 설파하니, 선왕은 대꾸할 말이 없었다. 그러자 신하들이 안촉을 힐난했다.

"그게 무슨 말인가. 우리 전하께서는 광대한 영토를 경영하시고, 천석의 종을 만드셨을 뿐 아니라 만석의 종각을 세우셨다. 이로 인해 천하의 현인과 인재들이 구름같이 모여들어 전하께 충성을 다하지 않는가. 이렇듯 동서남북에 스스로 복종하지 않는 이가 없고 갖추지 않은 물건이 없으며 따르지 않는 백성이 없는데, 어찌 한낱 현사와 비교할 수 있단 말인가. 본래 현사란 아무리 잘난 체해도 촌구석의 필부에 지나지 않으며, 어수룩한 자들은 향리의 문지기 역할밖에 하지 못하는 법이다. 그런 자들을 군왕에 비교하는 것은 어불성설이 아닌가."

군주와 현사의 차이

신하들이 맹렬하게 비난하고 모욕했지만, 안촉은 조금도 흔들리지 않았다.

"그렇지 않습니다. 옛날 우왕 때는 제후국이 1만이나 있었다고 들었습니다. 그것은 우가 높은 덕의 길을 체득했으며, 현사의 힘을 존중했기 때문입니다. 그러므로 뒤에 순이 초야에서 일어나 천자가 된 것입니다. 은나라 탕왕 때도 제후국은 3000이나 되었습니다. 하지만 오늘에 이르러서는 군주의 자리에 머무르며 자신을 과인으로 칭하는 사람이 24명밖에 되지 않습니다. 이로 미루어볼 때 영고성쇠榮枯盛衰의 비결이란 곧 현사를 높이는 계책을 얻은 자와 잃은 자의 차이가 아니겠습니까. 그들이 군왕의 자리에 있을 때는 영광이 한 몸에 있었겠지만, 점점 기력이 쇠하여 마침내 일족이 망하고 없어지면 촌구석의 문지기가 되려고 해도 알아주는 이가 없습니다. 그렇기 때문에 《역易》의 〈전傳〉에서는 '상위에 있으면서 실實을 가지지 못하고, 상위라는 이름을 휘둘러대는 것만 좋아하는 자는 거만하게 뽐내기만 하는 것이다. 그 거만과 교사에는 반드시 흉운兇運이 따르는 법이다'라고 말합니다. 실이 없이 이름을 좋아하는 자는 영지를 깎이고, 덕이 없는 주제에 행복을 바라는 자는 곤궁하며, 공적이 없는데 어울리지 않는 녹을 받는 자는 치욕에 재난까지 더하는 것입니다. 예부터 '공적을 코에 걸면 입신하지 못하며, 없는 것을 바라면 결코 채워지지 않는 법이다'라고 했습니다. 이는 모두 이름의 화려함에 요행을 바라는 것으로 실제로는 덕이 없는 자입니다. 그러기에 요에게는 보좌 9명, 순에는 심우心友 7명, 우에는 보좌 5명, 탕에는 보좌 3명이 있었던 것입니다."

안촉의 입에서 청산유수와 같은 정론이 흘러나오자, 선왕은 옷깃을 바로 하고 귀를 기울였다.

"예부터 지금까지 내용이 공허하면서 영명을 천하에 이룩한 이는 한 사람도 없습니다. 훌륭한 군주는 현자에게 도를 묻기를 주저하지 않았고, 아랫사람에게 배우는 것을 부끄러워하지 않았습니다. 그렇게 자신의 도덕을 완성하고 영명을 후세에 남긴 사람으로 요·순·우·탕, 주의 문왕이 있습니다. 따라서 무형無形은 유형有形의 어머니, 무단無端은 사물의 근본이라고 합니다. 위로는 그 근원을 확인하고, 아래로는 그 현상에 통할 수 있는 성인명지聖人明智가 있다면 어찌 재난을 당할 수 있겠습니까? 노자는 귀貴는 반드시 천賤을 근본으로 삼고, 고高는 반드시 하下를 기초로 하는 법이라고 했습니다. 따라서 제후도, 군주도 자신을 칭할 때 고孤·과寡·불곡不穀이라고 하는 것입니다. 이는 곤천困賤 중에서도 아래에 있다는 뜻이 아니고 무엇이겠습니까. 그들이 자신을 이렇게 낮추는 것은 현사를 존중하기 때문입니다. 그리하여 요堯는 제위를 순舜에게 전했고, 순은 우禹에게 전했으며, 주周의 성왕은 주공단周公旦에게 국사를 위임했으므로, 세간에서는 오래도록 그들을 명군으로 받들고 있습니다. 이로써 현사가 군주보다 높다는 것은 분명하지 않습니까?"

그러자 선왕이 깊은 한숨을 내쉬었다.

"아아, 내가 이와 같은 말을 듣고 어찌 군자를 깔볼 수 있겠습니까. 그동안 나는 현사를 경시하는 잘못을 저질렀습니다. 이제야 군자의 말을 듣고 소인의 행실을 알아차렸습니다. 선생께서는 아무쪼록 저를 제자로 삼아주십시오. 그렇게만 해주신다면 최고의 요리를 올리고, 외출할 때는 반드시 수레를 준비하며, 가족의 의복을 아름답게 갖춰드리겠습니다."

선왕이 파격적인 제안을 했지만, 안촉은 고개를 저으며 말을 이었다.

"대체로 구슬은 산에서 나오지만 보옥으로 완성되면 원형은 파괴되게 마련입니다. 보옥의 가치는 모르겠으나 원석의 본성은 지워집니다. 마찬가지로 현사는 두메산골에서 태어나지만 초빙되어 조정에 출사하면 반드시 더러워집니다. 그가 능력을 발휘하여 존귀한 신분에 오를 수는 있겠지만, 심신은 재야의 순수성과 완전성을 잃고 맙니다. 그러므로 나의 소원은 시골에 돌아가서 공복에 늦은 저녁 식사를 하면서 고기보다 맛있게 즐기고, 수레를 타는 편안함보다 걸어 다니는 즐거움으로 바꾸고, 죄 지을 걱정 없는 한가함을 출세의 영광과 바꾸며, 맑고 올바른 마음으로 인생의 보람을 얻는 것입니다. 여태까지 저는 진심을 다하여 직언을 드렸고, 그중에서 취사선택取捨選擇하는 것은 전하의 일입니다. 아무쪼록 고향으로 돌아가는 것을 허락해주십시오."

안촉은 정중하게 인사하고 궁궐을 빠져나갔다. 그는 현사의 원석으로 사람의 손을 타는 보옥이 되기를 거부하여 평생 치욕을 당하지 않고 편안하게 여생을 마쳤다.

충고의 기술 | '충고할 때는 상대가 어떤 인간인지 확인하라. 이 정도 사람이라면 충고해도 괜찮겠다는 생각이 들어도, 듣는 이의 장점을 부추기고 단점을 어루만지는 방법을 취해야 한다.'

명나라 때 정치가이며 유학자 여신오呂新吾의 가르침이다. 그는 평생 인간관계에 대하여 통찰하고 《신음어呻吟語》라는 책을 썼다. 사람은 아플 때 신음을 한다. 그러므로 신음어란 신음을 하게 하는 여러 가지 생의 아픔을 이겨내는 말들이다. 사람들은 가벼운 말 한마디에도 쉽게 상처 받는다. 천냥 빚을 갚는 말이 있는가 하면, 원한을 품게 하는 말이 있다. 특히 가까운 사람에게 충고할 때는 조심하지 않으면 안 된다. 여신오는 충고를 준비하는 사람들에게 몇 가지 주의 사항을 일러준다.

첫째, 듣는 이가 싫어하는 점을 지적하지 마라.
둘째, 듣는 이의 결점을 들먹이지 마라.
셋째, 듣는 이의 의견을 정면으로 반박하지 마라.
넷째, 듣는 이를 무시하는 말투를 쓰지 마라.
다섯째, 설교조로 지루하게 말하지 마라.
여섯째, 같은 말을 반복하지 마라.

충고할 때는 이 여섯 가지를 조심하라. 듣는 이가 받아들이지 않는 것은 분명 말하는 이의 방법이 틀렸기 때문이다.

왕은 알맹이도, 이름도 없습니다
―처사 돈약의 유세

현사는 거리낌이 없다

진시황 영정이 황제가 되기 전에 처사 돈약이 현인이란 소문을 듣고 사람을 보내 초청했다. 그런데 돈약은 한걸음에 달려오지 않고 거절했다.

"나는 품은 뜻이 있지만 진나라 왕에게 절을 하라면 결코 찾아가지 않겠습니다."

그러자 돈약을 벌하라는 신하들의 진언이 빗발쳤다. 하지만 진시황은 담담하게 그의 뜻을 수락했다. 이윽고 당당하게 입궐한 돈약이 진시황에게 물었다.

"천하에 알맹이는 있어도 이름이 없는 것이 있고, 알맹이가 없어도 이름이 있는 것이 있습니다. 그리고 알맹이도 없고 이름도 없는 것이 하나 있습니다. 그것이 무엇인지 아십니까?"

"모르오."

"알맹이는 있어도 이름이 없는 것은 상인입니다. 그들은 보습과 호미를 사용하는 수고 없이 곡식을 저장하기 때문입니다. 알맹이는 없지만 이름이 있는 것은 농부입니다. 그들은 추울 때 얼음을 깨가며 경작하고, 여름에는 잔등을 볕에 태워가면서 김을 매고 곡식을 저축하기 때문입니다. 알맹이도 없고 이름도 없는 것이 한 나라의 군주입니다. 그는 만승의 자리에 있으면서 효도라는 이름이 없고, 천 리의 땅을 가지고 먹여 살리면서 효도라는 알맹이가 없습니다."

진시황의 생모와 정을 통한 습독이 일이 발각될까 두려워 반란을 도모했다가 사형 당한 사건을 풍자한 말이었다. 이를 깨달은 진시황의 귓불이 벌게졌지만 돈약은 아랑곳하지 않고 말을 이어갔다.

"산동에는 여섯 나라가 있습니다만, 전하의 위엄은 아직 그곳을 덮지 못하는 형편입니다. 제가 머지않아 전하를 위하여 모사를 꾸며볼까 합니다."

그러자 진시황은 겨우 노기를 삭이고 물었다.

"우리가 산동에 있는 나라들을 죄다 합병할 수 있단 말인가?"

"물론입니다. 한나라는 천하의 목이고, 위나라는 천하의 심장입니다. 전하께서 제게 만금을 주어 두 나라에 보내주시면 그들을 떠받들던 중신들이 모두 진나라로 오도록 만들겠습니다. 그러면 한나라와 위나라가 진나라 앞에 무릎 꿇을 테니 천하 통일의 대업이 눈앞에 보일 것입니다."

"우리나라는 가난해서 그만한 돈을 마련하기 어렵다."

"그것은 전혀 구실이 되지 못합니다. 그동안 천하는 한 번도 평온한 적이 없었습니다. 그러므로 살아남기 위해서는 합종合從 하느냐, 연횡連衡

하느냐 결심뿐이었습니다. 연횡이 되면 진나라가 전국을 제패할 것이고, 반대로 합종이 되면 천하는 초나라의 몫이 될 것입니다. 진나라가 이기면 천하의 재물은 전하의 것이 되지만, 초나라가 이기면 전하는 만금이 있다 해도 그 주인이 되지 못합니다."

"그 말이 맞네."

비수 같은 돈약의 말에 설복된 진시황은 곧 나라 안의 재물을 긁어모아 돈약에게 만금을 주었다. 곧장 한나라와 위나라로 간 돈약은 두 나라의 장군들과 재상을 회유하여 진나라에 귀순토록 하고, 북쪽의 연나라는 물론 조나라까지 가서 명장 이목을 죽이는 계책을 꾸몄다. 그렇게 해서 제왕 왕건王建이 진나라에 입조入朝했고, 연·조·한·위 네 나라의 군주들이 차례로 그 뒤를 이었다.

충고는 약이다 | 진시황은 돈약과 같은 현인의 독설을 너그럽게 받아들일 만한 그릇이었기에 만인지상의 지위에 오를 수 있었다. 우리는 자신의 결점을 지적해주는 사람에게 감사해야 한다. 물론 지적을 받았다고 해서 결점이 아주 없어지는 것은 아니다. 결점이 워낙 많기 때문이다. 그렇지만 그것을 하나하나 지적받는 가운데 불안해지기 시작한다. 급기야 양심상 가만히 있을 수 없으면 그 결점들을 스스로 고친다.

한 번 말하면 충고요, 두 번 말하면 강조지만, 세 번째부터는 잔소리란 말이 있다. 아무리 좋은 말이라도 상대방의 신경을 건드려 받아들일 수 없도록 한다면 그것은 잔소리다. 충고는 뼈저린 한 번으로 족하다. 그로 인해 변하지 않는 사람이라면 두 번도 많다.

대개 사람들은 잔소리 하면 아내를 떠올린다. 평생 말다툼 한 번 하지 않았다면 부부가 아닐 것이다. 많은 남편들이 아내의 조언을 잔소리로 여기는 것이 문제다.

심리학자들에 따르면 잔소리의 원인은 남녀를 불문하고 억압된 적대 의식이나 친척의 문제, 성적인 불만, 애정의 결핍, 인생에 대한 목적의식 결여라고 한다. 말이 많다는 것은 어쩌면 다른 사람의 성공을 방해하는 것이다. 자신이 잔소리꾼인지 아닌지 확인해보라.

처음에도 잘하고
나중에도 잘해야 합니다

—진나라 무왕에 대한 충고

결말이 좋은 것은 드물다

천하 제후들이 저마다 전국의 패자가 되기 위해 이합집산 하면서 치열한 전투와 외교전을 벌이고 있었다. 진나라와 초나라의 갈등이 증폭되어 양측의 긴장감이 고조될 때 한 유세객이 진나라 무왕을 찾아왔다.

"지금 전하께서 제나라를 무시하고 초나라를 모욕하며, 한나라를 속국으로 취급하는 것은 좋지 않아 보입니다. 왕도를 행하는 명철한 군주의 군대는 이겨도 거만하지 않고, 패자는 궁지에 몰려도 원망을 품지 않는다고 했습니다. 승리를 해도 거만해지지 않음으로써 세상을 복종시킬 수 있고, 궁지에 몰려도 원망하지 않음으로써 이웃을 따르게 할 수 있습니다.

제가 살펴보건대 전하께서는 은덕을 위나라와 조나라까지 미치면서도 제나라와 관계가 멀어지는 것을 개의치 않는데, 이는 곧 거만한 일이라 하겠습니다. 또 의양 땅에서 한나라와 싸워 이기고도 초나라와 국교를 맺으려 하지 않아 원망을 품은 것으로 보입니다. 이와 같은 거만과 원망은 패왕으로서 취할 바가 아닙니다.

《시경》에 '시작이 어렵지 않은 것은 없고 결말이 좋은 것은 드물다'고 했습니다. 예부터 성인은 오직 시작과 끝을 중시했습니다. 왜 그랬을까요? 과거에 지백은 범씨와 중행씨를 시기하여 진양 땅을 공격했지만, 마침내 한·위·조의 웃음거리가 되고 말았습니다. 또 오왕 부차夫差는 월왕 구천句踐을 회계산에 몰아넣었고, 제나라를 애릉에서 이겼으며, 황지의 모임을 열어 송나라를 비웃을 정도로 힘이 있었지만 결국 구천의 포로가 되어 간수에서 죽었습니다.

위나라 혜왕은 초나라를 치고 제나라를 이겨 조나라와 한나라의 군사를 마음대로 조종했고, 열두 제후를 몰아세워 맹진에서 패자임을 선언했지만, 궁극에는 태자 신이 죽고 자신은 베옷 차림으로 진나라에서 사로잡히는 신세가 되었습니다. 이 세 사람에게 공이 없는 것이 아닙니다. 처음에는 잘했는데 나중에 잘못했기 때문입니다.

100리의 반은 90리

지금 전하께서는 의양 땅을 격파하고 한나라 삼천리를 짓밟으면서도 천하 선비들의 입을 다물게 했고, 천하의 나라들과 국교는 끊었습니다. 이런 상태에서 유종의 미를 거둔다면 3왕王을 4왕으로 할 필요가 없고, 5백伯을 6백으로 할 필요가 없습니다. 하지만 그렇지 못하면 전하께서는 오나라 왕 부차나 지백과 같은 처지에 빠지지 않을까 두렵습니다.

《시경》에 '100리를 가는 자는 90리 지점을 그 반으로 본다'고 했습니다. 이는 최후의 도정이 얼마나 어려운지 대변하는 것입니다. 전하께서는 목적지에 다다르지도 못했는데 벌써 거만한 빛을 띠니 걱정입니다. 천하의 패업은 제후들이 마음먹기에 달렸습니다. 보십시오. 조만간 초나라가 침공당하지 않으면 반드시 진나라가 침공당할 것입니다.

왜 그럴까요? 진나라 사람은 위나라를 도와 초나라를 방비하고, 초나라 사람은 한나라를 도와 진나라를 방비합니다. 이렇듯 네 나라의 병력이 균형을 이루어 다시 싸움은 하지 못하고 있습니다만, 제나라와 송나라는 동맹에 가입하지 않고 저울추처럼 흔들리는 형국입니다. 그러므로 제나라와 송나라를 먼저 손에 넣는 쪽이 공격을 개시할 것은 분명합니다.

진나라가 먼저 제나라와 송나라를 손에 넣으면 한나라가 굴러 들어올 테고, 초나라는 고립되어 공격 받을 것입니다. 초나라가 먼저 제나라와 송나라를 손에 넣으면 위나라가 거기에 합류할 테고, 진나라는 고립되어 공격 받을 것입니다. 일이 이렇게 전개된다면 진나라와 초나라는 천하의 웃음거리가 되겠지요."

초지일관初志一貫 | 무슨 일을 하건 지금 우리에게 그것이 가장 중요한 일이어야 한다. 각자의 삶에 충실하다면 대가와 범인의 차이가 대체 무엇이란 말인가. 처음부터 끝까지 정성을 다하는 것이 자신만의 향기를 만들어낸다. 진정한 강자는 겸손하고 예의 바르며, 결코 교만하지 않다. 다만 자기 일에 초지일관할 뿐이다.

저명한 음악가 토스카니니의 80번째 생일날, 한 사람이 토스카니니의 아들 월터에게 물었다.

"당신 아버지의 가장 중요한 성취가 무엇입니까?"

아들이 대답했다.

"그런 것은 없습니다. 어느 때 무엇을 하건 아버지는 그것이 가장 중요한 일이었습니다. 심포니를 지휘하건, 오렌지 껍질을 벗기건……."

옆집의 불은 금세 담장을 넘어옵니다
—소진의 도미노 이론

자업자득自業自得

명장 백기白起가 이끄는 진나라의 대군이 장평長平에서 조나라 군대와 맞서고 있을 때 제나라와 초나라가 조나라에 원군을 보내려 했다. 그들의 움직임을 간파한 진나라에서는 연합을 무산시키려고 책략을 꾸몄다.

"제나라와 초나라가 조나라에 구원의 손길을 펴고 있다. 두 나라와 조나라의 결합이 굳은 것 같으면 병력을 철수하되, 그렇지 않으면 끝까지 공격한다."

때마침 군량미가 부족한 조나라가 제나라에 곡물 원조를 부탁했다. 그런데 제나라 왕은 손익을 계산하느라 차일피일 시일을 늦추었다. 그러자 소진蘇秦이 제나라 왕을 찾아가 말했다.

"전하께서는 당장 조나라의 요청을 받아들이고 진나라 군대가 철수하도록 압박해야 합니다. 그렇지 않으면 진나라 군대는 장평에서 절대 물러나지 않을 것입니다. 이는 진나라의 계획이 들어맞고 제나라와 초나라의 계획이 잘못되었다는 증거입니다. 조나라와 제·초 양국의 관계는 순망치한, 입술이 없으면 이가 시려 나라를 보존할 수 없습니다. 오늘 조나라가 망하면 내일 반드시 두 나라에 여파가 미칩니다. 지금 조나라를 돕는 일은 마치 새는 항아리로 물을 옮겨 달궈진 솥에 부어야 할 만큼 시급합니다. 게다가 이 일은 천하 도의에 부합하고 명성을 얻는 방법입니다. 기울어가는 조나라를 구하는 것은 의리요, 강한 진나라의 군대를 물리치는 일은 국위를 선양하는 일인데 식량만 아까워하는 것은 크게 잘못되었습니다."

그렇지만 제나라 왕은 진나라의 움직임을 두려워하여 소진의 진언을 받아들이지 않았다. 그 결과 진나라는 대승을 거두고, 조나라 병사 40만 명을 구덩이에 파묻어 죽였다. 장평 전투 이후 진나라는 전국의 패자로 우뚝 섰고, 조나라는 멸망할 지경에 처했으며, 제나라와 초나라는 궁지에 몰렸다. 소진의 경고를 무시한 제왕의 자업자득이다.

반대 의견 대응법 | 회의석상에서 자신이 펼친 의견에 갑자기 반론이 나오면 당혹하기 쉽다. 이때는 냉정하게 상황을 파악하고 다시 반론할 기회를 엿보아야 하는데, 몇 가지 주의 사항이 있다.

첫째, 상대의 뜻이 진짜 반대 의견인지 확인한다. 그런 다음 그것이 정확하게 자신의 견해에 대한 반대의 뜻인지, 일시적이고 감정적인 대응인지 알아보기 위해 상대의 발언을 잠깐 무시해본다. 예를 들어 상대의 말이 끝나면 '그건 그렇고……' 등으로 주제의 방향을 틀어본다. 상대가 진짜 반대 의견이라면 '왜 상황을 회피하십니까?' 등의 말로 항의하면서 종전의 주장을 되풀이할 것이다. 이런 때는 '아, 죄송합니다' 등의 표현으로 성의 있게 사과한 다음 반론에 대한 자신의 의견을 말한다.

둘째, 상대의 반대 의견을 확인해준다. '그러니까 어떤 부분에 어떤 문제가 있다는 말씀이죠?' 등으로 확인하면 상대방은 청자가 자신의 의견을 존중한다는 느낌을 받는다. 그러면 이견이 정확하게 드러나고, 청자가 다시 반론을 펼치더라도 상대방은 감정적인 대응을 자제할 것이다.

셋째, 메모하면서 듣는다. 상대의 주장에 이견이 있더라도 메모하면서 반론을 존중하는 태도를 취하면 어떤 결론이 나든 상대방에게 호의적인 기분이 든다. '그렇게도 해석할 수 있군요' '제가 미처 생각지 못한 부분입니다' 등 맞장구치며 메모를 하면 상대방은 최소한 자기주장에 대한 자존심을 지켰다는 느낌을 받는다.

넷째, 감정적으로 대응하지 않는다. '그게 무슨 말씀입니까?' '참 이상하게 생각하시는군요' 등으로 맞서면 곤란하다. '정말 참고할 만한 의견입니다' '제가 미처 생각지 못한 부분을 짚어주셨군요' 등의 표현을 동원하여 상대방의 어떤 의견도 포용할 수 있다는 자세를 보여야 한다.

어느 한쪽에 기대면 위태롭습니다

—자상의 중립론

위협의 뒤에는 폭력이 따른다

제나라와 초나라가 대립하는 가운데 송나라가 어느 편도 들지 않겠다고 선언했다. 하지만 제나라에서 사자를 보내 위협하자, 겁에 질린 송나라는 그만 굴복하고 말았다. 이에 초나라의 재상 자상子象이 송나라 왕을 찾아가 따졌다.

"전하께서는 어찌하여 두 나라 사이에서 초지일관 중립을 지키지 않습니까? 그동안 초나라는 부드럽게 대했으므로 송나라를 잃었습니다. 이제부터는 제나라의 행동을 본받을 것입니다. 제나라는 무력으로 송나라를 압박하여 자기편으로 만들었으니, 이후에도 언제나 그와 같은 태도를 취할 것입니다."

"우리로서는 어쩔 수 없는 일이었소."

송나라 왕이 변명하자 자상은 단호하게 말했다.

"이번 결정은 곧 송나라가 제나라를 도와 초나라를 공격한다는 뜻입니다. 그리하여 제나라가 초나라와 싸워 이기면 내친걸음에 약소국인 송나라까지 집어삼키려 하지 않겠습니까? 반대로 제나라가 패한다면 송나라는 약한 주제에 강한 초나라를 건드린 셈이니 역시 위험천만한 일입니다. 외교에서 상대국의 위협에 만만히 굴복하면 그 나라는 반드시 위태로워진다는 점을 명심하십시오."

자상의 따끔한 충고에 송나라 왕은 아무 대답도 하지 못했다.

논쟁의 과정 | 말을 통해 상대방을 파악하는 것이야말로 논쟁에서 승리하는 관건이다. 말의 미묘한 차이를 감지하면 화자의 성격과 특성까지 읽을 수 있다. 이에 관련된 《맹자孟子》의 한 대목에 주목하자.

'말이 어느 한쪽에 치우쳤다면 그 사람은 분명 어떤 사상에 가려진 것이고, 진실을 잃은 과장으로 자기주장을 합리화하려 한다면 그 사람은 어떤 사상의 지배를 받는 것이다. 억지 소리를 늘어놓거나 말을 이리저리 꾸미는 사람은 진리를 돌아보지 않는 사람이다. 말이 왔다 갔다 일정치 않으면 대응이 궁색해졌다는 뜻이다.'

모두 잘못 생각하고 있습니다
―우경의 이해득실법

유세객의 진가를 보이다

위나라가 조나라 효성왕의 숙부인 평원군 조승에게 두 나라가 합종 하도록 도와달라고 부탁했다. 평원군은 전국시대 사공자 중 한 사람으로, 조나라 무령왕의 아들이며 혜문왕의 동생이다. 그는 혜문왕과 효성왕을 도와 나라를 발전시켰는데, 제나라의 맹상군처럼 식객 수천 명을 거느린 인재 수집광이다. 평원군은 위나라의 제안을 흔쾌히 수락하고 대궐에 들어가 효성왕을 설득했으나 받아들여지지 않자, 재상 우경에게 지원을 요청했다.

"제발 위나라와 합종 하도록 전하를 설득해주십시오."

그의 요청을 받아들인 우경이 입궐하자, 효성왕이 선수를 쳤다.

"평원군이 위나라와 합종 하라고 청했지만 나는 거절했다. 그대의 뜻은 어떠한가?"

"위나라는 잘못 생각하고 있습니다."

"그럼 그렇지, 내 생각이 틀리지 않았군."

"하지만 전하께서도 잘못 생각하고 있습니다."

"그건 무슨 뜻이오?"

"무릇 강한 자와 약한 자가 함께 일을 도모하면 강한 자가 이득을 보고, 약한 자는 손해를 보게 마련입니다. 위나라의 합종 요구를 들어주지 않았다는 것은 저들이 손해를 자임했는데도 전하께서 이득을 거절했다는 뜻이 됩니다. 따라서 위나라나 전하 양쪽 모두 잘못 생각한 것입니다."

정문일침頂門一鍼과 같은 우경의 말에 효성왕은 마음을 고쳐먹었다.

성공의 방법 | 인간의 수명은 유한하다. 살면서 얻을 수 있는 능력이나 자원도 유한하다. 하지만 마음먹기에 따라 무한한 시간과 능력, 자원을 향유할 수 있다. 이익이나 손해도 마찬가지다. 돈을 흥청망청 쓰는 사람은 향락이라는 대가를 얻지만, 이는 곧 스러지는 순간적인 것이다. 반대로 자선은 돈과 시간을 잃지만, 사랑이라는 결실을 거두고 오래도록 칭송받는다. 어느 것이 성공인지 명백하지 않은가. 모든 행위에는 결과가 있다. 그것을 이해타산의 눈으로만 보는 사람은 늘 굶주리는 사람과 다를 바 없다.

시인 로버트 프로스트는 언젠가 브루클린에 있는 수백 명의 숙녀들에게서 강의해달라는 청을 받았다. 그 숙녀들은 시간이 없어서 시인이 되지 못한다고 생각하는 사람들이었다. 프로스트가 그 청을 수락하고 연단에 서자 이구동성으로 물었다.

"어떻게 시간을 활용하여 시인이 되었죠?"

"나는 도둑놈처럼 시간을 훔쳤습니다. 용감한 사람처럼 시간을 휘어잡았죠. 나는 식사 시간도 줄여가며 시를 썼습니다."

그는 항상 바쁘다고 생각하는 이들에게 필요한 시간은 스스로 만들 수 있음을 일깨웠다.

까치를 까마귀라고 해도 됩니까?
―관리들의 부패를 꼬집은 사질

청렴과 부패를 직시하라

한나라의 대신 사질史疾이 초나라에 사신으로 가자, 초나라 왕이 그에게 물었다.

"그대는 평소 어떤 가르침을 따르는가?"

"열자의 가르침을 따르고 있습니다."

"열자는 무엇을 존경하는가?"

"올바르다는 것을 존경합니다."

"올바르다는 것만으로 나라를 다스릴 수 있는가?"

"물론입니다."

"우리 초나라에는 도적이 많다. 올바르다는 것으로 도적을 물리칠 수 있겠는가?"

"그렇습니다."

문답이 오가는 가운데 갑자기 궁궐 지붕 위로 까치 한 마리가 날아갔다. 사질은 그것을 가리키며 물었다.

"초나라 사람들은 저 새를 뭐라고 부릅니까?"

"까치라고 부른다."

"저 새를 까마귀로 바꾸어 부르면 어떻겠습니까?"

"그건 말도 안 되지."

"그렇습니다. 지금 전하의 나라에는 주국, 영윤, 사마, 전령 등 높은 관리들이 많습니다. 게다가 새로 관리를 임명할 때면 반드시 청렴결백하게 일하겠다는 서약을 받습니다. 그런데도 나라 안에는 도적이 횡행하고 있습니다. 이것은 까마귀가 까마귀가 아니고 까치가 까치가 아니라는 증거입니다."

사질의 날카로운 풍자에 초나라 왕은 아무런 대꾸도 하지 못하고 얼굴만 붉혔다.

적극적으로 설득하라 | 화자는 대화 도중에 청자가 자기 이야기에 집중하지 않는다는 것을 알면 말할 기분이 나지 않는다. 때문에 청자는 화자의 발언이 자기가 원하는 내용이 아니라고 해서 딴청을 피우거나 외면해서는 안 된다. 오히려 자기가 원하는 주제로 이끌 수 있게 적극적으로 유도해야 한다.

이때 가장 효과적인 것은 맞장구다. 적절한 맞장구는 화자로 하여금 의견 이상의 발언을 하게 만든다. 하지만 상대의 말이 애초 의도하는 방향에서 멀어지면 냉정하게 주의를 환기해주는 용기가 필요하다. 상대의 고의

든 아니든 그 자리에서 필히 거론되어야 할 주제를 다루지 못하는 상황이 되면 차라리 내일을 기약하고 작별을 고하는 게 현명하다. 아무리 고급 자동차라도 길이 없으면 쓸모없는 고철 덩이에 불과하듯, 목적지에 이르지 못하는 대화는 시간 낭비일 뿐이다.

　사질은 초나라 왕이 자신에게 정치에 대해 묻는 것이 인사치레임을 알고 까마귀와 까치의 일화를 들어 국정의 난맥상을 꼬집었다. 나라 안에 도적이 많은 이유는 관리들이 임무를 게을리했기 때문이다. 그런데도 지도자가 그들을 신임하며 모든 일이 잘 풀리고 있다고 믿는 것은 까마귀를 까치로 바꾸어 부르는 것과 마찬가지라는 얘기다. 직접적이고 부정적인 비유는 상대방의 기분을 상하게 할 수 있으므로, 때와 장소를 가려 활용해야 한다.

꿈에 부뚜막 님을 뵈었습니다
—복도정의 꿈풀이

제왕의 총명을 가리는 자

위(衛)나라 영공은 옹저와 미자하를 매우 신임했다. 두 사람은 군주의 총애를 빌미로 국정을 농단했을 뿐만 아니라, 신하들의 간언조차 틀어막았다. 국정이 파탄지경에 이르자 참다못한 신하 복도정이 영공을 찾아가 말했다.

"소신이 며칠 전에 꿈에서 전하를 뵈었습니다."

"어떻게 나를 보았다는 말인가?"

"부뚜막 님을 뵈었습니다."

그 말에 영공이 버럭 성을 냈다.

"꿈에 군주를 보는 자는 대개 해를 본다고 들었다. 그런데 지금 그대는 꿈에 부뚜막 님을 뵈었다면서 나를 뵈었다고 하니, 이를 제대로 설명하지 않으면 군주를 모욕한 죄로 다스리겠다."

그러자 복도정은 침착한 어조로 대답했다.

"해는 천하를 두루 비치므로 아무것으로도 가릴 수 없습니다. 하지만 부뚜막은 빛을 발하되, 앞에서 부채질을 해대면 뒤에서는 아무리 애를 써도 그 빛을 쬘 수가 없습니다. 지금 소신은 어느 사람이 전하의 앞에서 부채질을 하지 않는지 걱정입니다. 때문에 꿈에서 부뚜막 님을 뵈었다고 말씀드린 것입니다."

"아하!"

복도정의 교묘한 언변으로 자신의 과실을 깨달은 영공은 곧 옹저와 미자하를 쫓아내고 올곧기로 유명한 사공구를 재상으로 임명했다. 그러자 위나라의 국정은 금세 정상으로 돌아왔다.

영웅의 조건 | 아랫사람이 윗사람의 비위에 거슬리는 충고를 하기는 대단히 어렵다. 아무리 좋은 말도 때와 장소를 가려서 해야 하는 법, 자칫하면 모략이나 질시로 비칠 가능성도 배제할 수 없다. 복도정은 그 때문에 위나라 왕의 능력을 찬양하면서도 그를 부뚜막에 빗대어 빛을 가리는 이들이 있음을 일깨웠다. 교묘한 풍자를 바르게 알아듣고 조정을 일신한 영공 또한 시대의 영웅이다.

우리는 평소 스승, 직장 상사, 동료, 거래처, 친구, 애인, 선후배 등 각양각색의 사람들과 만난다. 그러다 보면 늘 자신에게 유리한 장소에서 익숙한 방식으로 대하기는 어렵다. 때문에 평소 쉬운 말이라도 정련하여 표현하는 습관을 길러야 한다. 특히 분명하게 말할 때와 우회해서 말할 때를 잘 가리지 않으면 부지불식간에 직격탄을 맞을 수도 있다.

대화란 한쪽의 일방적인 변설이 아니라 듣고 말하는 연속선상에서 상대의 입장과 나의 입장을 비교하고, 서로 만족한 선에서 마무리하는 일종의 교섭이다. 때문에 현명한 화자들은 아무리 마음이 바빠도 상대가 흥미를 느낄 만한 미끼를 자주 던져 분위기를 돋운다. 사람들이 하찮게 여기는 가정 문제나 자식의 진학 문제, 관혼상제 등의 이야기를 들어주는 것도 좋은 방법이다. 상대의 호감을 산 다음 준비된 보따리를 푸는 것이다.

  그렇듯 자연스런 일상사를 늘어놓다 보면 화자는 상대를 도와주고 가르쳐주고 싶어진다. 반대로 자신의 호의를 무시하고 심하게 충고하거나 거만하게 가르치려는 사람에게는 강한 반발심이 생긴다. 상대방에게 충분한 기회를 주어라. 당신은 섣부른 화자가 아니라 때를 기다리는 청자가 되어야 한다. 그로 인해 상대는 호감과 믿음을 넘어 의존까지 발전할는지 모른다.

화는 사랑하는 자에게서 비롯됩니다
—상옹의 교훈

좋은 말을 사려면 전문가가 필요하다
한 유세객이 조나라 효성왕을 찾아가서 물었다.
 "소신이 듣건대 전하께서 좋은 말을 사기 위해 외지로 사람을 보낸다는데 사실입니까?"
 "그렇다."
 "그런데 무슨 일로 지금까지 보내지 않았습니까?"
 "아직 말을 감정할 사람을 구하지 못했기 때문이다."
 "왜 건신군建信君을 보내지 않습니까?"
 "그는 국무에 바쁘기도 하려니와 좋은 말을 가리지 못한다."
 "그렇다면 애첩인 기희 님을 보내십시오."
 "부녀자가 어찌 말을 감정하겠느냐?"
 "명마를 사면 나라에 어떤 보탬이 됩니까?"

"나라의 보탬과 말은 별로 상관이 없다."

"변변찮은 말을 사면 나라에 어떤 해가 됩니까?"

"같은 말을 계속 묻지 마라. 그 역시 아무런 해가 되지 않는다."

"명마든 아니든 나라의 이해득실과는 아무런 관계가 없다는 말씀이군요. 그런데도 전하께서는 말을 감정할 줄 아는 사람이 있어야 한다고 주장하십니다. 지금 천하를 다스리는데 잘못하면 국가는 폐허가 되고 사직은 위태로워집니다. 그런데 전하께서 말조차 감정하지 못하는 건신군을 중용하는 이유는 무엇입니까?"

갑작스런 힐난에 효성왕은 아무런 대답도 할 수 없었다.

뽕나무벌레 상옹

유세객이 효성왕에게 다시 물었다.

"곽언이란 사람이 쓴 《정요政要》에 '상옹桑雍'이란 말이 있는데 혹시 들어보셨습니까?"

"전혀 들어본 적이 없다."

"상옹이란 뽕나무를 죽이는 벌레입니다. 군주가 총애하는 신하와 부인, 각별히 사랑하는 미녀를 일컫는 말입니다. 그들은 모두 왕이 혼미한 틈을 타 바라는 바를 훔치는 무리지요. 이런 패거리가 내전에서 제멋대로 행동하면 관리들이 그들에게 아첨하느라 바쁘니, 결국 조정이 어지러워집니다."

"일리가 있는 말이로군."

"그렇듯 일월日月이 햇무리에 덮이면 그 빛을 손상시키는 자가 반드시 안에 있고, 미워하는 자를 아무리 주의 깊게 대비해도 화는 사랑하는 자에게서 비롯되는 법입니다."

유세객이 측근을 싸잡아 비난하자, 경청하던 효성왕의 낯이 붉게 물들었다.

이 문제의 해답은 무엇인가? | 당신이 입이 가벼운 사람이라면 아무도 당신에게 자기 말을 들어달라고 하지 않을 것이다. 당신에게 고백한 비밀스러운 이야기가 다른 사람의 입에서 나온다면 아무도 당신을 찾지 않으리라는 점은 자명하다. 훌륭한 경청자로서 신용을 잃지 않는 방법은 간단하다. 입을 닫아야 할 때는 닫아라. 이것이 듣는 이의 가장 중요한 덕목이다.

프랑스의 철학자 알랭은 유명한 작가 앙드레 모루아의 스승이다. 그가 리세 학교에서 교편을 잡을 때 학생들에게 물었다.

"인생에 절망한 매춘부가 운명을 비관하여 센 강에 투신자살하려 한다. 여러분은 어떻게 그녀가 자살하지 않도록 할 것인가?"

이 문제의 해답은 모두 알고 있다. 그것은 바로 경청이다. 하지만 많은 사람들이 그것을 시험지에 적어내지 못한다. 경청보다 변설에 중독되었기 때문이다.

백골은 상아로 오인하기 쉽다
—위나라 문후의 공명법

공명을 얻는 요체

위나라의 서문표西門豹가 업鄴이라는 현의 장관으로 임명되어 문후에게 작별 인사를 하러 찾아왔다. 그를 마주한 문후가 관례대로 덕담을 해 주었다.

"잘 가게. 그리고 공을 세워 유명해지게나."

그러자 서문표가 되물었다.

"전하, 공명을 성취하는 좋은 방법이 있겠습니까?"

"임지에 부임하면 향리의 장로 격인 사람을 찾아가 몸을 낮추고 그곳에 이름난 선비가 누구인지 묻고 배워야 하네. 반대로 남의 장점은 덮어 숨기고, 남의 결점을 따지기 좋아하는 사람이 누구인지 알아내 참고해야 하네. 사물은 비슷한 것 같지만 실제로는 다른 것이 많다네. 강아지풀의 새싹은 벼와 비슷하고, 황흑의 얼룩소는 호랑이를 닮았네.

백골은 상아로 오인하기 쉽고, 무부라는 돌은 구슬 같아 보이지. 이것들은 모두 비슷하지만 사실은 전혀 다르다네."

당신의 보물 | 진짜를 가짜로 알고 소중히 여기는 바보는 이야기책에만 있는 것이 아니다. 지금도 숱한 바보들이 가장 고귀한 보물을 손에 쥐고 있으면서도 끊임없이 그것을 찾아 헤맨다. 그리하여 프랑스의 작가 생텍쥐페리는 《어린왕자》에서 다음과 같이 조소했다.

"어른들은 숫자를 좋아한다. 새로 사귄 친구들에 대해 이야기하면 어른들은 가장 중요한 일은 묻지도 않는다. 즉 '그 애 목소리는 어떠냐? 무슨 놀이를 가장 좋아하지? 나비 채집도 하니?'와 같은 말은 묻지도 않고, '그 애는 몇 살이지? 그 애 아버지는 돈을 많이 버니?'라고 묻는다. 어른들은 이런 숫자로 그 애가 어떤지 다 아는 것처럼 생각한다."

지혜로운 자와 의논한 뒤
어찌 미욱한 자의 말에 귀를 기울이십니까?

—편작의 일침

의술이나 정치나 마찬가지

화타와 더불어 최고 명의로 손꼽히는 편작扁鵲이 진나라 무왕의 부름을 받았다. 병석에 있던 무왕이 환부를 내보이자, 편작은 세심하게 살펴보더니 상한 부위를 칼로 도려내고 약물로 씻어내야 한다고 진단했다. 그 말에 겁이 난 무왕은 측근에게 어쩌면 좋으냐고 물었다. 그러자 측근이 속삭였다.

"전하의 환부는 귀의 앞이자 눈의 아래에 있습니다. 칼로 도려내도 꼭 낫는다는 보장이 없습니다. 수술한 뒤에 귀가 어둡고 눈이 흐려질지도 모릅니다."

마음이 흔들린 무왕이 편작에게 말했다.

"수술하면 눈이나 귀가 위험하지 않겠소? 차라리 이대로 버티는 편이 나을 듯하오."

그 말을 들은 편작은 들고 있던 석침을 바닥에 던지며 소리쳤다.

"전하께서는 어찌하여 지혜로운 자와 의논해놓고 미욱한 자의 말에 귀 기울여 일을 망치려 하십니까? 그런 사고방식으로 나라를 다스리면 일순간에 모든 것을 잃을 수도 있습니다."

바보들의 세상 |

편작은 전국시대 조나라 막읍 사람으로, 본명은 진월인이다. 일찍이 장유군이란 신의에게 비방을 배워 진맥에 능했으며, 오장육부의 병을 꿰뚫어보아 명의로 이름을 날렸다. 그의 집이 노(盧) 땅에 있어 노의(盧醫)라고도 불렸다. 훗날 진나라 태의령인 이해의 질투로 죽음을 당했다. 원래 편작은 고대 황제 때 뛰어난 의사의 이름이지만, 전국시대 사람들은 진월인의 뛰어난 의술이 그를 떠올리게 한다고 해서 편작이라 불렀다.

편작이 무왕에게 던진 한마디는 그야말로 통렬한 말의 비수지만, 바보들에게는 결코 받아들여지지 않는 일침이다. 그에 비하면 관우의 상한 뼈를 긁어내 치료에 성공한 화타는 행복한 의사다. 하지만 그 역시 조조라는 바보를 만난 덕에 헛되이 죽음을 당하지 않았는가.

예부터 진리는 가장 단순하면서 꾸밈이 없는 것이라 했다. 영구불변의 진리는 편작의 말처럼 어렵지 않고 순박하다. 하지만 많은 사람들이 그것을 복잡한 수식과 논리로 치장하여 혼란을 조성한다. 진리는 아프기 때문이다. 지혜 역시 마찬가지다. 그것은 노자의 표현대로 결코 유쾌한 것이 아니며, 덕을 행하는 자의 것이므로 반대하는 자들에게는 아프기 그지없다. 하지만 그것을 따르면 하나의 경지에 도달한다.

그런 까닭에 지자知者는 언제나 외롭다. 반대로 헛된 것을 따르는 사람들은 무리 지어 자기를 과시하려 하지만, 정작 자신이 어떤 사람인지 무엇을 하는지 알지 못한다. 얼굴을 붉히고 가슴을 두드리며 도모하는 일이 잘되지 않는 것을 탓할 뿐이다.

'지혜로운 자와 의논해놓고 미욱한 자의 말에 귀 기울여 일을 망치려 한다'는 편작의 일침이 가슴에 와 닿는 까닭이다.

3장
진심으로 다가서다
설득 說得

도망가는 말의 속도는 계산할 가치가 없다.
장 콕토 Jean Cocteau

부드러운 말로 상대를 설득하지 못하는 사람은
위엄 있는 말로도 설득하지 못한다.
안톤 체호프 Anton Chekhov

상대의 말이 끝나기 전에 대답하지 말고 경청하는 자가 되어라.
성경

역사를 만드는 것은 말이 아니라 행동이다.
노먼 메일러 Norman Mailer

아첨은 병든 우정이다.
필로 Philo

한 나라의 왕으로 어찌
나라 사랑하는 마음이 없겠습니까
―유등의 웅변

뜻밖의 선물에는 독이 묻어 있다

진나라 왕이 동생 저리질樗里疾을 주나라에 사신으로 보내면서 전차 100대를 선물했다. 그러자 주나라에서는 화려한 의장대를 전면에 내세워 사신 일행을 대대적으로 환영했다. 그 소식을 전해 들은 초나라 왕이 매우 화를 냈다.

"주나라가 진나라 사신을 대대적으로 환영하는 것은 대체 무슨 속셈인가. 우리를 무시하는 처사가 아닌가."

초나라 왕의 불편한 심기를 눈치 챈 주나라에서는 급히 유등游騰을 파견했다.

"전하, 옛날 진晉나라 육경의 한 사람인 지백이 구유 땅을 정벌할 때 폭이 넓은 마차에 큰 종을 실어 보냈습니다. 구유에서는 종을 옮기기 위해 좁은 도로를 넓히는 공사를 했습니다. 지백이 그 기회를 놓치지 않고 너른 길로 대군을 보내 급습하니, 방심한 구유는 일거에 멸망하고 말았습니다. 제나라 환공이 채나라를 정벌할 때도 마찬가지입니다. 당시 제나라는 대외적으로 초나라를 친다고 하면서 채나라를 방심케 하고는 일거에 습격하지 않았습니까?"

"그 일과 이번에 주나라에서 진나라 사신을 환대한 일이 무슨 관계가 있단 말인가. 감언이설로 나를 속일 생각은 하지 마라. 그대의 말이 이치에 맞지 않는다면 목숨을 내놓아야 할 것이다."

초나라 왕이 눈을 부릅뜨고 유등을 협박했다. 하지만 유등은 태연자약하게 대답했다.

"진나라는 호랑이나 이리 떼처럼 포악하고 탐욕스러워서 오래전부터 우리 주나라를 복속시키려는 야심을 품었지만 실행에 옮기지 못했습니다. 그런데 이번에 저리질을 사자로 하여 전차를 100대씩이나 주나라에 보냈으니, 구유나 채나라의 전례를 보면 그 내심이 빤하지 않습니까?"

"이번에 진나라가 전차를 보낸 일이 정녕 주나라를 치려는 음모란 말인가?"

"그렇습니다. 때문에 우리는 그들의 저의를 간파하고 두 나라의 전철을 밟지 않기 위해 앞에서는 의장대를 동원하여 막아서고, 뒤로는 정예부대와 강노 부대를 배치하여 만약의 사태에 대비했습니다. 겉으로는 저리질을 호위하는 척했지만, 실은 그를 옴짝달싹할 수 없도록 견제한 것이지요."

"음, 일리가 있는 말이다."

초나라 왕은 그제야 찌푸린 안색을 풀었다. 유등은 허리를 굽혀 사의를 표한 다음 마지막으로 덧붙였다.

"전하, 우리 주나라의 대왕께서도 한 나라의 주인인데 어찌 나라를 사랑하는 마음이 없겠습니까. 오늘의 정황은 일조일석에 나라를 망치지 않고, 나아가서는 인접국인 초나라에게도 근심을 끼치지 않으려는 심모원려深謀遠慮가 있었을 뿐입니다."

꾸준히 이해시켜라 | 유등의 당당하고 논리 정연한 해명으로 오해를 푼 초나라 왕은 그를 후히 대접하여 돌려보냈고, 양국의 관계는 보다 친밀해졌다. 어떤 행위에 대한 견해는 사람마다 다르지만, 그 결과는 대부분 한 길로 통하게 마련이다. 오해하는 상대방의 마음을 풀어주려면 유등처럼 진심을 담아 차근차근 설득하는 인내심이 필요하다. 로마의 노예 출신 그리스 철학자 에픽테토스의 조언을 들어보자.

"진정으로 남에게 좋은 일을 하고 싶다면 자신이 올바르다고 믿는 견해를 가지고 상대방을 설득할 수 있어야 한다. 비록 상대방이 그릇된 견해로 고집을 피우더라도 꾸준히 이해시켜라. 우리는 대개 그와 정반대 행동을 한다. 자기 말에 동의하는 사람들과는 뜻이 잘 통하지만, 자신의 견해를 대수롭지 않게 여기거나 무시하는 사람을 보면 당장 외면한다."

표주박은 금방 깨집니다
―범수의 예화

나무에 열매가 많으면 가지가 찢어진다

진나라 소양왕 때 태후를 비롯하여 왕족인 양후와 화양군의 권세가 하늘을 찔렀다. 소양왕은 이들의 일탈 행위를 알았지만 별다른 조처를 취하지 않았다. 그로 인해 국정이 난맥상에 이를 것을 염려한 재상 범수范雎가 어느 날 우회적으로 진언을 올렸다.

"전하께서는 항사 땅에 있는 신령한 숲의 이야기를 들으셨습니까?"

"들어본 적이 없소."

"그 마을에 개구쟁이 소년이 숲에게 내기를 하자고 제안했습니다. '내가 이기면 숲의 신령을 사흘 동안 빌려주고, 내가 지면 마음대로 나를 골려도 좋다.' 말을 마친 소년은 왼손의 주사위는 숲의 몫으로, 오른손의 주사위는 자기 몫으로 하여 던졌는데 소년이 이겼습니다. 그러자 숲은 사흘 동안 신령을 소년에게 빌려주었지요. 사흘이 지나자 숲은 소년에게 신령을 돌려달라고 요구했습니다. 소년이 돌려주지 않자 숲은 닷새 만에 시들고, 이레가 지나자 그만 죽고 말았습니다."

"그 이야기에 숨은 뜻이 있소?"

"한 나라는 군주의 숲이고, 권세는 군주의 신령입니다. 군주가 권세를 다른 사람에게 빌려준다면 신령을 빌려준 숲처럼 나라가 위험에 빠지지 않겠습니까?"

"그렇겠구려."

"사람의 넓적다리는 팔보다 굵고, 팔은 손가락보다 굵습니다. 그렇지 않다면 병이 고황膏肓에 들었다는 증거입니다. 또 100명이 표주박 하나를 메고 달리는 것은 한 명이 메고 달리는 속도를 도저히 따르지 못합니다. 실제로 100명이 표주박을 메는 일이 있다면 그 표주박은 금방 깨지고 말 것입니다."

"당연한 말이오. 그래서는 안 되는 법이지."

소양왕이 고개를 끄덕였다.

"한데 지금 우리나라에서는 그 표주박을 전하 한 분이 아니라 종종 화양군이나 양후, 태후마마께서 메십니다. 진나라가 표주박과 다르다면 모르되, 성질이 같은 그릇이라면 앞의 예와 같이 금방 깨지고 말 것입니다."

"그건 재상의 지나친 비약이 아니오?"

"아닙니다. 대개 한 나무에서 열매가 너무 많이 열리면 가지가 찢어지고, 가지가 찢어지면 둥치가 상합니다. 마찬가지로 신하의 봉읍이 크면 나라가 위험해지고, 신하가 강하면 군주가 위험해집니다. 그런데 지금 세 분의 봉읍은 지나치게 비대해서 평화로울 때는 아무렇지 않겠지만, 유사시에는 전하께서 고립되기 쉽습니다."

주제가 나라의 안녕에 이르자 소양왕은 자못 긴장하여 귀를 기울였다. 범수는 더욱 신중한 태도로 말했다.

"소신은 언제나 전하를 위하여 근심하고 있습니다. 한데 현재의 상황이 지속된다면 만대 후에 이 나라의 주인은 전하의 자손이 아닐 것입니다."

"그럼 내가 어찌해야 한단 말이오?"

"예부터 현철하게 정치를 한 사람들은 위엄을 안으로 세우고, 밖으로는 사방에 떨쳤습니다. 그리하여 정사가 흐트러지지 않고, 도리에 어긋나지 않으며, 사자도 사명을 정확히 실천하여 감히 비행을 저지르지 못했습니다. 그런데 지금 태후마마께서는 제후들의 영지를 분할하고 병부를 돌리는 등 나라의 권세를 마음대로 행사할 뿐만 아니라, 강제로 군사를 모아 뜻에 반하는 제후를 토벌하고 있습니다. 그렇게 얻은 재물은 봉읍인 도陶 땅이나 태후마마의 친가로 보내지고, 국내에서 얻은 이익은 화양군에게 나누어주는 실정입니다. 옛사람들이 말한 군주를 위태롭게 하고 나라를 망하게 하는 길이 바로 여기부터 시작되는 것입니다. 그렇듯 삼귀三貴 여러분이 나라를 희생시켜 자신들만 평안하니, 어떻게 명령이 전하에게서 나갈 수 있겠습니까? 어찌 정권이 분열하지 않을 수 있겠습니까? 지금 전하께서는 나라의 3분의 1만 통치하는 꼴입니다."

범수의 간곡한 진언은 소양왕이 내정을 바로 살피는 계기가 되었다. 태후와 양후, 화양군을 견제하기 시작했고, 모든 권력을 중앙으로 집중하는 체제 개편을 단행했다. 전국칠웅 중에서 진나라가 가장 강성해진 것은 현철한 범수의 조언과 소양왕의 실천력이 결합된 결과다.

따뜻한 한 마디 | 어린 소년이 여동생과 함께 산길을 오르는데 여동생이 불평을 늘어놓았다.

"오빠, 이것은 길이 아니야. 돌이 많은 언덕이야."

그러자 오빠가 대답했다.

"하지만 언덕을 만났을 때 네가 할 일은 아무 생각 없이 올라가는 것뿐이야."

윌리스 헤밀턴의 이 우화는 설득의 고전 같은 느낌을 준다. 상대방의 불평불만을 이해하면서도 반드시 해야 할 일을 짚어주는 것은 중국의 전통적인 모략 '공심복적攻心服敵', 곧 마음을 공략하여 복종시키는 방법과 상통하는 바가 있다.

어떤 사안에 대하여 논쟁이 벌어졌을 때 유창한 언변으로 초반부터 기선을 제압한다면 유리한 고지를 선점할 수 있다. 하지만 상대는 그것이 아무리 옳은 견해라 해도 결코 마음으로 승복하지 않는다. 자신이 달변에 말려들었다고 생각하기 때문이다. 그러면 상호 간에 의견을 통일하기 힘들어진다.

둥지를 뒤집으면
봉황은 날지 않습니다

―양의의 예절 바른 외교

예의로 호소한다

진나라가 위나라를 공격하여 영읍 땅을 취하자, 주변 제후들이 앞다투어 축하 사절을 보냈다. 조나라 혜문왕 역시 사신을 보냈는데, 진나라 궁궐 앞에서 몇 차례나 제지당했다.

"진나라가 막강한 기세로 영읍을 취하고, 제나라와 조나라를 위세로 제압하고 있다. 사신을 받아들이지 않는 것을 보니, 다음 목표는 분명 우리인 것 같다. 어찌하면 좋겠는가."

혜문왕이 근심에 휩싸이자 한 신하가 양의를 추천했다.

"사신이 몇 차례나 갔는데도 축하 인사조차 건네지 못한 것은 그가 무능하기 때문입니다. 유세객 양의가 뛰어나니 그를 보내십시오."

왕명을 받은 양의는 곧장 진나라로 가서 왕에게 다음과 같은 글을 바쳤다.

'전하께서는 영토를 영읍까지 넓히고, 제후들이 모두 축하하는데 조나라 왕도 빠질 수 없는지라 제게 공물을 받들게 하고 여기까지 보냈습니다. 그런데 먼저 온 사신은 축하 인사 한 마디 드리지 못하고 말았습니다. 그 사신에게 잘못이 없다면 전하께서는 아무쪼록 교분을 끊지 마십시오. 하지만 사자의 잘못이 있다면 그 정황을 알려주시면 고맙겠습니다.'

진나라 왕이 그 글을 읽고 측근을 통해 명했다.

"앞으로 내가 조나라에 명하는 것이라면 일의 대소를 묻지 말고 따르라. 그렇게 한다면 조나라의 국서와 선물을 받아들이겠다. 하지만 그럴 의사가 없다면 속히 돌아가라."

그러자 양의가 측근에게 말했다.

"제가 여기에 온 것은 처음부터 귀국의 뜻을 삼가 듣기 위해서인데 어찌 왈가왈부하겠습니까. 전하께서 명하실 일이 있다면 공손히 받들 터이니 의심하지 마십시오."

이윽고 양의를 만난 자리에서 진나라 왕은 노기를 띠며 다그쳤다.

"조나라의 조표와 평원군은 나를 자주 속였다. 조나라가 두 사람을 죽인다면 몰라도, 그럴 생각이 없다면 내가 친히 여러 제후들을 이끌고 한단邯鄲의 성 아래로 가서 혜문왕이 무슨 변명을 하는지 들어볼 것이다."

조나라를 무력으로 제압하겠다는 협박이다. 하지만 양의는 흔들리지 않고 조용히 대답했다.

"조표와 평원군은 우리 주군과 동복형제입니다. 이는 마치 진나라에 전하의 형제인 엽양군과 경양군이 있는 것과 마찬가지입니다. 전하께서 천하를 효孝로 다스리고 있음은 삼척동자도 아는 일입니다. 마음 편히 입을 수 있는 옷과 입맛에 맞는 음식을 엽양군, 경양군에게 나누어 주지 않은 예가 없으며, 그들의 차나 말, 의복까지 전하께서 갖지 않은 것이 없다고 들었습니다. 무릇 '둥지를 뒤집고 알을 깨는 일이 있으면 봉황은 하늘 높이 날지 않고, 태아를 쪼개고 영아를 불태우면 기린은 오지 않는다'는 말이 있습니다. 지금 제가 전하의 분부에 따르고 복명한다면 우리 주군께서는 황송해하시겠지만, 엽양군과 경양군의 마음이 상하지 않을는지요?"

"그대의 말에 일리가 있다. 그렇다면 두 사람이 정무에서 손을 떼게 하라."

"우리 주군께서는 동복형제를 가르치고 징계하지 못하여 귀국의 미움을 샀습니다. 그러므로 두 사람이 조정에서 물러나게 하라는 전하의 뜻을 삼가 따르겠습니다."

양의가 공손히 자신의 의견을 받아들이자, 진나라 왕은 기뻐하며 조나라의 공물을 받아들이고 정중하게 사신으로 대접했다.

다시 한 번 생각하라 | 결례에는 예의로 응대한다. 내가 땅을 사도 남이 아프지 않도록 하는 방법은 겸손과 예절뿐이다. 양의의 예절 바른 말투와 겸손한 태도는 강대한 진나라로 인해 위기에 빠질 뻔한 조나라를 구하는 계기가 되었다. 언행일치言行一致의 중요성이 새삼 부각되는 일화가 아닐 수 없다. 이와 관련된 톨스토이의 충고를 들어보자.

"인간의 덕성은 그가 쓰는 말을 통해 나타난다. 하고 싶은 말이 있을 때는 다시 한 번 생각해보라. 자신이 냉정하고 선량하며 사려 깊은 사람이라고 확신한다면 그렇게 하지 않아도 좋다. 그러나 냉정을 잃고 마음이 혼란스럽다면 말 때문에 죄를 범하는 일이 없도록 조심하라."

인간은 사회적인 존재다. 그들은 서로 협력하고 의존하면서 삶을 가꾸어가는 것이다. 위대한 역사는 천재보다 위대한 보통 사람들의 협력으로 이루어지지 않았는가. 우리는 주변의 다양한 사람들에게 음양으로 의존한다. 어릴 때는 가족에게 의존하고, 장성해서는 동료나 고객, 사회의 각종 구성원들과 관계를 맺으며 살아간다. 그들의 존재에 감사하는 마음을 품는다면 예의는 몸이 아니라 마음에서 흘러나온다.

우리 주변에는 의외로 인사나 답례에 인색한 사람들이 많다. 그들은 대부분 상대의 호의를 접하고도 내 마음은 말하지 않아도 잘 알겠지 하면서 지나친다. 이런 현상은 친구와 동료, 가족 등 가까운 관계에서 종종 발생한다. 그러나 명심할 것은 가까운 관계일수록 감사의 말을 아끼지 말아야 한다는 점이다. 고백하지 않는 사랑은 사랑이 아니듯 표현하지 않는 감사는 절대로 감사가 아니다.

당신의 허물을
감싸주는 사람이 있습니까?

―재신임 받은 여창

충신은 악평 받게 마련

주나라 문왕이 부정을 저지른 재상 공사적工師籍을 파면하고 여창呂솔을 등용했다. 그런데 여창은 청렴하며 지위고하를 막론하고 국법을 엄히 적용했으므로, 세간에 그를 원망하는 소리가 높아졌다. 문왕이 하는 수 없이 그를 내치려 하자, 유세객 한 사람이 간곡하게 진언했다.

"한 나라를 다스리는 군주로서 뭇사람들의 악평은 피할 도리가 없습니다. 다만 그에게 허물을 감싸주는 충신이 있다면 그 사람이 세간의 악평을 뒤집어쓰고 군주는 나머지 호평만 누리는 것입니다."

"어찌하여 그렇단 말인가?"

"옛날 송나라에서는 농번기에 백성을 동원하여 높은 누각을 짓도록 했으므로 임금에 대한 원성이 자자했습니다. 그때 재상 자한子罕이 일인지하 만인지상의 자리를 박차고 나와 토목장관으로 봉직하며 일을 밀어붙이자, 백성이 자한만 비난하고 임금의 허물은 거론하지 않았습니다. 이는 자한이 군주를 위해 자기 명예를 깎아내렸기에 가능한 결과입니다. 그뿐만 아닙니다. 전국의 패자로 군림한 제나라 환공은 궁중에 누각 일곱 개를 짓고 궁녀 700명을 두어 백성의 지탄을 받았습니다. 그러자 재상 관중管仲은 삼귀三歸, 즉 첩을 아홉 명이나 거느리는 살림을 시작했습니다. 백성은 환공의 허물은 잊고 관중의 행태를 비난하는 데 열중했습니다. 이는 관중이 환락을 좋아한 것이 아니라 주군의 비행을 감추기 위한 의도적인 행동입니다."

"그 말은 알아듣겠다. 하지만 두 사람의 사례와 여창이 무슨 관계가 있단 말인가?"

"《춘추》에 보면 역사상 임금을 거역한 신하를 살해한 일이 100번도 넘습니다. 더구나 그 신하들은 모두 세상에 인망이 높은 사람들입니다. 신하가 백성에게 인기가 있다는 것은 군주로서는 결코 좋은 일이 아닙니다. 무력한 백성도 많이 모이면 강력해지고, 티끌도 모이면 태산이 된다고 하지 않습니까. 아랫사람의 인기가 오르기 시작하면 마침내 윗사람의 세력을 능가해 다른 생각을 품게 마련입니다. 그러므로 지금 여창에 대한 세간의 악평은 오히려 전하에게 득이 됩니다."

"과연 그대의 말이 옳다."

문왕은 그의 견해를 수긍하고 여창을 내치려는 생각을 접었다.

제왕의 논리 | 자기 허물을 온몸으로 감싸주는 부하가 있다면 상사에게 그보다 좋은 일이 없으리라. 지도자의 입장에서 어떤 일을 도모하며

목적을 이루기 위해 다소 불법한 행위를 해야 할 때가 있다. 대를 위해 소를 희생하는 경우일 것이다. 하지만 언젠가는 그 상황에 대한 책임 추궁을 면키 어렵다. 그때 스스로 멍에를 짊어져 상사의 명예를 보전해주는 부하가 있다면 얼마나 믿음직스러울까. 부하도 당장 세간의 비난은 살지언정 오래도록 대의를 지켰다는 찬사를 받을 것이다.

유세객은 이와 같은 제왕적 논리를 내세워 문왕의 근심을 해소해주었을 뿐만 아니라, 풍전등화 같던 여창의 운명까지 되돌릴 수 있었다.

죽은 사람에게는 지각이 없습니다
—선태후를 꾸짖은 용예

쓸데없는 미련은 오명을 남긴다

진나라의 선태후는 말년에 위추부라는 남자를 깊이 사랑했다. 병석에 누웠다가 회복하지 못하고 임종이 가까워지자 선태후는 이렇게 유언했다.

"내가 죽으면 반드시 위추부를 함께 묻어달라."

당시에 아무런 이견 없이 행해지던 순장殉葬을 명한 것이다. 시종에게서 그 말을 전해 들은 위추부는 개죽음 당할 것을 생각하니 가슴이 답답하여 병석에 누웠다. 그러자 유세객 용예가 태후를 찾아가 물었다.

"마마, 죽은 사람에게 지각이 있겠습니까?"

"그럴 리가 없지."

"마마께서 그렇게 잘 아시면서 어찌하여 생전에 깊이 사랑한 사람을 지각이 없는 죽은 사람을 위해 함께 묻어달라고 하십니까? 죽은 사람에게 지각이 있다면 지하에 계신 마마의 부군께서는 꽤 오랫동안 당신의 불륜 때문에 노여워했을 겁니다. 그로 미루어보면 설사 지각이 있다 해도 태후마마께서는 구원받을 수 없을 정도로 죄가 쌓였으니 속죄하기에도 바쁘실 텐데, 저승에서 위추부와 내통할 겨를이나 있겠습니까?"

추상같은 용예의 꾸지람에 이성을 되찾은 태후는 유언을 취소했다. 위추부는 그제야 한숨을 돌렸다.

문답법 | 진소왕의 어머니 선태후는 초나라 출신으로 중국사에서 '진나라의 무측천'이라 불리는 여걸이다. 평생 남동생 위염을 내세워 국정을 농단한 그녀는 주변국들과 외교 관계에서도 노골적으로 이익을 추구했는데, 그 와중에 성적인 표현을 서슴지 않아 사람들을 놀라게 했다. 태후의 과격한 성정을 잘 알고 있던 용예는 직설적인 화법으로 그녀의 불륜을 질타함으로써 순장의 유언을 번복시키는 데 성공했다.

고대 그리스의 철학자 소크라테스는 제자들의 그릇된 관점에 대해 즉각적인 비판과 시정을 요구하지 않았다. 이해하기 쉬운 예화를 들려주면서 차차 심오한 깨달음에 접근할 수 있도록 도와주었을 뿐이다. 그런 다음 상대방이 거기에서 파생되는 각종 의문을 드러내면 자세히 논박함으로써 자신이 희망하는 결론에 도달하도록 했다. 마지막으로 소크라테스는 제자가 찾아낸 결론이야말로 본래부터 자신이 갖고 있던 관점임을 깨우쳐주었다.

문답법 혹은 산파술이라고 하는 이 대화법은 상대방이 찾아내고자 하는 결론을 자신의 내부에서 끌어낼 수 있도록 끊임없이 도와주는 방법이다. 소크라테스는 산파가 산모의 태중에 있는 아기를 밖으로 끌어내는 것과 제자의 의식에 잠재된 진리를 의식 밖으로 끌어내는 일이 다르지 않다고 여겼다. 이처럼 상대가 스스로 진실에 접근하도록 도와주는 방법은 고대 그리스의 현인이나 고대 중국의 변설가들에게 매우 유용한 도구였다.

아무쪼록 받지 마십시오
―공손술의 양수겸장

기쁨 셋, 보검 한 자루

제나라의 맹상군이 천하를 주유하다가 초나라에 갔을 때의 일이다. 평소 그를 흠모하던 초나라 왕이 몹시 반기며 상아로 만든 의자를 선물했다. 그런데 의자를 운반할 책임을 맡은 관리가 은밀히 맹상군의 식객 공손술을 찾아와 애원했다.

"값비싼 상아 의자를 운반하다가 자칫 털끝만큼이라도 상하면 가산은 물론 처자를 팔아서 보상해도 부족합니다. 제가 상아 의자를 운반하지 않게 해주신다면 망부께서 남긴 보검을 드리겠습니다."

"좋습니다."

공손술은 흔쾌히 그의 부탁을 받아들인 다음, 맹상군을 만나 따지듯 물었다.

"주군께서는 왜 상아 의자를 받은 것입니까?"

"왜 그러는가?"

"작은 나라들이 온통 재상의 인을 주군에게 맡기는 것은 당신께서 제나라의 빈궁한 자를 도와주고, 망한 자의 상속을 이어주는 등 의로운 행동을 한다고 알기 때문입니다. 작은 나라들의 영걸과 무사들이 죄다 주군에게 몰려오는 것은 충심으로 주군의 의행義行을 기뻐하고 사모하기 때문입니다. 주군이 초나라의 상아 의자를 받는다면 다음에 가실 나라에서는 어떤 물건으로 주군을 대접해야 한단 말입니까? 아무쪼록 받지 마십시오."

"그대의 말이 옳다."

맹상군이 자신의 조언을 받아들이자 공손술은 만면에 미소를 지으며 밖으로 나가려 했다. 이런 그를 보고 맹상군이 물었다.

"그대가 내게 상아 의자를 받지 않도록 한 것은 매우 좋은 일이다. 하지만 무엇 때문에 그토록 기쁜 표정을 짓는가?"

"저는 오늘 큰 기쁨이 셋에 덤으로 보검 한 자루까지 얻었기 때문입니다."

"그건 또 무슨 말인가?"

"주군의 문하에 인재가 수백 명이나 있건만 직간하는 자가 없었는데 저만 간하러 왔으니 첫째 기쁨이요, 제 뜻이 받아들여졌으니 둘째 기쁨이요, 간하여 주군의 잘못을 시정했으니 셋째 기쁨입니다. 한편 상아 의자를 운반하기로 한 초나라의 관리가 그 일을 몹시 꺼리면서 주군을 설득하면 제게 망부의 보검을 주겠다고 했으니 커다란 덤을 얻은 셈입니다."

"그래, 그 보검을 받았는가?"

"아직 받지 않았습니다."

"빨리 가서 받게."

맹상군은 공손술을 내보내고, 문밖에 다음과 같이 써 붙였다.

'나의 이름을 높이고, 나의 잘못을 시정하면서 남에게 보물을 얻을 수 있는 자는 즉시 간하러 오라.'

당당하게 거절하라 | 거절은 괴롭고 짜증스러운 일이다. 특히 가까운 친구나 존경하는 사람에게 거절하기는 참으로 어렵다. 사람들은 거절 때문에 자신의 인간관계가 교착 상태에 빠질 것을 두려워한다. 그리하여 '나중에 대답해줄게' '좀 기다려봐' 따위의 애매한 대답으로 사태를 악화시킨다. 상대는 그런 대답에 나름의 기대를 걸고 다른 노력을 기울이지 않는다. 자신이 해결할 수 없는 내용이라면 분명히 거절함으로써 상대가 다른 방법을 찾도록 해야 한다.

물론 거절당하고 기분 좋은 사람은 없다. 내가 여태 이런 사람과 가까이 지냈는가 하는 자괴감과 배신감까지 들지도 모른다. 하지만 명확한 거절이 주는 장점이 그 단점보다 훨씬 많다. 무리한 부탁을 하는 상대에게 분명히 거절하는 것은 자신을 지키는 일이다. 이때 중요한 것은 얼마나 덜 불쾌하게, 상대의 자존심을 존중하면서 현실을 받아들이게 거절할 수 있는가 하는 점이다.

영국 국왕 헨리 8세는 프랑스 국왕 프랑수아 1세를 지독히 미워했다. 어느 날 그는 한 신하를 칙사로 임명해 프랑스를 모욕하는 말을 전하게 했다. 그러자 신하는 벌벌 떨면서 말했다.

"폐하의 전언을 프랑스 왕이 듣는다면 저는 살아서 돌아오지 못할 것입니다."

"걱정하지 마라. 프랑스 왕이 경을 사형에 처한다면 짐은 영국에 있는 프랑스인을 모조리 잡아다 목을 자르겠다."

"그거야 폐하의 자유입니다만, 영국 어디에도 제 목에 맞는 머리는 없습니다."

신하의 볼멘소리를 들은 헨리 8세는 더 이상 위험한 명령을 강요하지 못했다.

호랑이 입에 들어가지 마십시오

—소대의 신령계 이야기

흙 인형과 나무 인형의 대화

맹상군이 진나라의 초청을 받았다. 측근들이 가지 말라고 말렸지만 맹상군은 들으려 하지 않았다. 그러자 식객 소대蘇代가 그를 설득하기 위해 나섰다. 그를 만난 맹상군은 자신만만한 태도로 소리쳤다.

"왜 그렇게들 걱정하는가. 나는 깨달음이 있어 인간계의 사상事象을 꿰뚫고 있다. 모르는 것이라곤 신령계의 일 정도다."

그러자 소대가 물러서지 않고 말했다.

"저는 오늘 주군께 인간계의 일이 아니라 그 신령계의 이야기를 말씀드리려고 왔습니다."

"신령계?"

"그렇습니다. 제가 여기에 오는 도중 치수淄水의 물가를 지나다가 흙으로 만든 인형과 복숭아나무로 조각한 인형이 주고받는 이야기를 들었습니다."

"흠, 신기한 일이로군. 계속 말해보게."

"먼저 나무 인형이 흙 인형에게 말했습니다. '너는 서안西岸의 흙으로 빚은 인형이므로, 8월이 되어 비가 오고 치수의 물이 넘치면 금방 녹아버리고 말 것이다.' 그러자 흙 인형이 '그렇지 않다. 나는 서안의 흙으로 빚었으니 서안으로 돌아갈 뿐이지만, 너는 동국산 복숭아나무로 만들지 않았는가. 그러니 치수가 넘치면 휩쓸려 내려가는 수밖에 없다. 그럼 어떻게 되는지 알기나 하는가'라고 항변했습니다."

"내가 진나라에 가는 것과 그 대화가 무슨 관계가 있단 말인가?"

"생각해보십시오. 지금 진나라는 사방이 험한 산으로 둘러싸인 요새의 형국입니다. 비유하면 호랑이의 입과 같다는 뜻이지요. 주군께서 이와 같은 진나라에 한번 휩쓸려 들어가면 저 나무 인형 같아서 도저히 빠져나오지 못할 것입니다."

그 말을 들은 맹상군은 진나라에 가려는 생각을 접었다.

결심의 철회 | 소대는 소려와 함께 유명한 소진의 동생으로, 귀곡 선생의 종횡학縱橫學을 배워 여러 나라에서 이름을 날린 유세객이다. 그는 인형의 비유를 통해 호랑이의 입과 같은 진나라에 들어가려는 맹상군의 마음을 돌려놓았다. 맹상군의 식객들은 실로 가장 중요한 때 진가를 드러냈다.

다른 사람의 결심을 거두게 하는 일은 어렵다. 당사자 역시 사전에 면밀한 조사와 궁리를 통해 그와 같은 결론을 내렸을 것이기 때문이다. 이 경우 이익과 손해의 대차대조표를 명확히 짚어주는 것이 무엇보다 중요하다. 아울러 상대의 자존심을 세워주면서 그 결정으로 초래되는 부정적인 상황을 연상시킨다. 주변 사람들이 그런 상황을 원치 않는다는 점을 강조하는 것도 한 방법이다. 인간은 본능적으로 소외당하는 걸 싫어하기 때문이다.

이도 저도 불가능하다고 판단되면 처음부터 '예스 논법'을 이용하는 것도 방법이다. 이 기술은 무엇보다 시작이 중요하다. 자신이 어떤 질문을 하더라도 상대에게서 '예스'가 나올 수 있는 말을 하는 것이다. 의견이 일치하는 화제로 자신과 상대의 의도와 목적이 같다는 동반 의식을 고조시킨 다음 양자의 다른 점을 절충하는 방식이다.

교섭이나 타협에서 상대가 '노'라고 말한 것을 '예스'로 바꾸기는 몹시 어렵다. 상대는 설령 자신이 틀렸음을 알아도 쉽게 입장을 바꾸려 하지 않을 것이다. 이런 때는 상대에게 어떤 명분을 주어야 하는데, 이것은 보다 커다란 양보를 의미한다. 예스 논법은 곤란한 상황을 애초부터 제거하면서 전진해가는 적극적인 화술이다. 굴러오는 공을 차는 것보다 가던 방향으로 계속 드리블하는 것이 훨씬 쉬운 법, 당신은 상대에게 '예스'를 주문함으로써 그의 긍정적인 상태를 유지하게 할 수 있다.

진정으로 사랑하는
방법을 찾아보십시오
―촉섭의 친밀한 설득

분별없는 사랑은 해악이다

조나라 혜문왕의 비이며 효성왕의 어머니인 태후가 수렴청정을 시작하자, 기회를 엿보던 진나라에서 대군을 이끌고 쳐들어왔다. 누란의 위기에 처한 조나라가 제나라에 원군을 청하자, 제나라 왕은 효성왕의 동생 장안군을 인질로 보내면 돕겠다고 버텼다. 하지만 장안군을 애지중지하던 태후는 일언지하에 거절했다.

"두 번 다시 장안군을 제나라에 보내라고 간하는 자가 있다면 그 얼굴에 침을 뱉겠다."

태후의 고집에 감히 맞설 사람이 없었으므로 조나라의 운명은 바람 앞의 등불 같은 처지가 되었다. 그때 원로대신 좌사 촉섭이 태후에게 배알을 청했다. 그의 뜻을 짐작한 태후는 불쾌한 표정으로 그를 맞이했다. 하지만 촉섭은 개의치 않고 느린 걸음으로 당하에 이른 다음 정중하게 입을 열었다.

"신은 병에 걸려 빨리 걷지 못하므로 오랫동안 마마를 배알할 수 없었습니다. 하지만 이는 일신의 부득이한 일이라 마음을 진정하고 여러 번 쉬면서 여기까지 왔습니다. 마마가 걱정되어 멀리서라도 배견하고 픈 마음이었습니다."

촉섭의 처량한 태도에 마음이 약해진 태후는 금세 불쾌함을 잊고 자기 신세를 한탄했다.

"나 역시 늙었기에 나다닐 때는 마차에 의지한답니다."
"그러시다면 식사량이 차츰 줄어들 터인데요."
"식욕이 없어 요즘에는 죽만 먹지요."
"저도 최근까지 식욕이 없었습니다. 그래서 매일 30~40리씩 걸었더니 차츰 입맛이 돌고 몸도 좋아졌습니다."
"할머니인 나 같은 사람은 꿈도 못 꿀 일이지요."

그처럼 촉섭과 일상적인 대화를 나누는 동안 태후의 기분은 봄눈 녹듯 풀리고, 굳은 안색도 펴졌다. 하지만 촉섭은 계속 자기 넋두리만 늘어놓았다.

"제게 아들 하나가 있는데 어리석고 미련하기 짝이 없습니다. 그런데 나이가 드니 부자간의 정이 더욱 각별합니다. 부디 그 애가 궁중의 위사로 발탁되어 황궁을 지킬 수 있게 해주십시오."
"그건 어렵지 않은 일이군요. 나이가 몇 살이지요?"
"이제 열다섯 살이 되었습니다. 비록 나이는 어리지만 소신이 죽기 전에 마마께 맡기고 싶어서 부탁드리는 겁니다."
"아버지에게도 막내는 그렇게 귀여운가요?"
"제 어머니 이상이지요."

"호호, 모르시는 말씀, 막내에 대한 어머니의 정은 아버지의 그것과 차원이 다르답니다."

대화를 의도하는 화제에 근접시킨 촉섭은 슬그머니 본론으로 들어갔다.

"저는 마마께서 장안군보다 공주인 연후를 귀여워하시는 줄 알았습니다만……."

"그것은 공의 오해입니다. 장안군이 훨씬 더 귀엽지요."

그러자 촉섭은 옷깃을 바로 하고 태후에게 물었다.

"마마께서도 그렇듯이 부모는 사랑하는 자식을 위해서라면 무슨 일이든 하는 법입니다. 과거 마마께서는 연후를 연나라로 시집보낼 때 공주의 발을 잡고 굵은 눈물을 흘리셨지요. 그 후에도 연후를 잊지 못하고 제사 때만 되면 그녀가 소박맞아 돌아오는 일이 없기를 신께 빌었습니다. 그 모든 것이 자손만대 부귀를 누리라는 어머니의 자식 사랑 아닙니까?"

"그렇지요."

"한데 3대 이전 조씨가 이 나라를 세우기까지 가문의 후예로서 계속 영주 자리에 올라 가계를 이은 사람이 있습니까?"

"없지요."

"조나라 말고 다른 제후국은 어떻습니까?"

"그런 경우는 듣지도 보지도 못했어요."

"그렇습니다, 마마. 그것은 화가 가깝게는 영주 자신에게 미치고, 멀리는 자손에게까지 미쳤기 때문입니다. 물론 그 자손의 능력이 없어서가 아닙니다. 다만 공적 없이 벼슬만 높고, 일하지 않았는데 보물을 많이 가졌기 때문입니다."

"맞는 말입니다."

태후가 그 말에 수긍하자 촉섭은 감추고 감추었던 최후의 결정타를 날렸다.

"지금 마마께서는 장안군의 지위를 높이고 넓은 영지와 재물을 하사했건만, 그는 오늘까지 나라에 별다른 공적을 세우지 못했습니다. 그러다가 불시에 마마께서 승하하시기라도 한다면 장안군은 도대체 무엇으로 조나라에서 홀로 설 수 있겠습니까? 오늘 장안군에 대한 마마의 사랑은 얕은 생각이라고 하지 않을 수 없습니다. 제 말을 깊이 통촉해주십시오."

태후는 한동안 허공을 응시하며 생각에 잠기더니 말했다.

"그동안 내 욕심만 고집하여 일을 그르칠 뻔했구려. 경의 진정한 뜻을 알았으니 이치에 맞게 처리하도록 하세요."

장안군은 전차 100대와 함께 제나라에 인질로 보내졌다. 그러자 약속대로 제나라에서 원군을 출동시키니 진나라 군대는 조나라 영역 밖으로 철수할 수밖에 없었다.

우회하면 안전하다 | 인간에게는 생활이든 의식이든 아무에게도 침범당하고 싶지 않은 자기만의 영역이 있다. 거기에는 동물적인 보호 본능은 물론 경험과 신념으로 이루어진 자아도 있게 마련이다. 자신의 판단을 맹렬하게 고집하고 굽히지 않으려는 사람들이 있는 것도 이 때문이다. 이런 부류와 대화하다 보면 자리를 박차고 나가고 싶은 기분이 들기도 할 것이다.

이들은 논리적으로 설득할 수 없고, 잘 달래려 해도 도무지 마음의 문을 열지 않는다. 오로지 현재에 만족하고 자신의 시각만이 바른 길이라 믿으며, 그 외의 것은 모조리 적대시한다. 하지만 이런 사람도 우회하여 관찰해보면 내면에는 보호받고 인정받고 싶은 본심이 있다. 때문에 이런 사람을 적으로 만들기보다 동지로 만드는 편이 훨씬 이성적이고 현명하다. 적대감 대신 동질감을 심어줌으로써 사람들의 마음을 사로잡을 수 있다. 적은 내 마음에 있다. 상대는 두려워할 뿐이다. 그들을 편하게 해주자.

촉섭은 자기 주변 이야기에서 시작하여 태후의 긴장을 풀어주고, 차츰 논의의 핵심에 접근함으로써 그녀가 사태를 이성적으로 판단할 수 있도록 도왔다. 어떤 의도를 관철하기 위해서는 직접적인 설득이 효과를 볼 때가 있지만, 상황에 따라 우회해서 설득하고 정에 호소하는 방법이 가장 빠를 때도 있다.

하늘의 뜻에 따라
자식의 도리를 다하십시오

―명분을 이용한 혜시의 설득

충효의 도리

위나라 혜왕이 죽고 장례 날짜가 정해졌다. 그런데 장례 당일에 눈[雪]이 소[牛]의 눈가에 이를 만큼 쏟아져서 성곽이 무너질 지경이 되었다. 상주인 태자는 잔도를 만들어서라도 관을 옮기고자 했다. 그러자 신하들이 한목소리로 간했다.

"이런 상황에서 장례식을 강행하면 백성이 매우 괴롭습니다. 비용도 만만치 않으니 장례를 연기해주십시오."

태자는 그 제안을 완강하게 거절했다.

"부왕의 은혜를 입은 몸으로 노역과 비용이 많이 든다는 이유 때문에 정해진 장례식을 행하지 않는 것은 충효의 도리에 어긋난다. 두 번 다시 거론하지 마라."

측근 서수犀首가 다시 간곡하게 청했지만 태자는 요지부동이었다. 그는 하는 수 없이 혜시에게 태자를 설득해달라고 부탁했다. 그러자 혜시는 태자를 찾아가 말했다.

"옛날 문왕은 부왕 계력을 초산의 언덕에 장사지냈지만, 난수에서 침식되어 관이 드러났습니다. 그래서 문왕은 '아, 아버님은 군신이나 백성을 꼭 한 번 보고 싶어서 난수에 관을 씻어내신 것이다' 하면서 관을 꺼내고 조회를 열었습니다. 그런 다음 군신과 백성에게 시신을 보이고 사흘 뒤 다시 매장했습니다. 이는 문왕이 자식으로서 예를 갖춘 것입니다. 지금 장례 날짜가 정해졌지만 큰 눈으로 장례를 치르기 어려운데, 태자께서 기일을 지켜야 하기에 강행한다면 빨리 매장하려는 생각에 무리하게 기일을 지켰다는 의심을 받을 수도 있습니다. 아무쪼록 기일을 변경하면 부왕께서 잠시라도 성에 더 머물러 국가를 돕고 백성을 평안케 하고 싶다고 생각하실 것입니다. 눈 또한 그러기에 내린 것이 아닐까요? 부디 태자께서도 문왕의 자식 된 도리를 모범으로 삼으십시오."

"그것이 부왕과 하늘의 뜻이라면 어쩔 수 없군요."

혜시는 태자가 내세운 충효의 도리를 이용함으로써 장례식을 연기하는 데 성공했다.

근본주의자들 | 혜시는 도가道家인 장자의 친구로, 제자백가 중 명가名家의 창시자다. 그의 일화는 대부분 《장자莊子》에 기록되었다. 그는 고대 그리스의 소피스트처럼 고지식한 사람에게는 고지식한 방법으로 설득해야 한다는 사실을 알려준다.

태자와 같은 근본주의자들은 명분과 체면 사이에서 주판알을 튕길 뿐, 자기가 쉽게 내린 결론이 세상에 어떤 폐해를 끼치는지 관심이 없다. 그들의 허약한 갈증을 만족시키기 위해서는 영양가 없는 수분을 대량으로 공급해주는 방법뿐이다.

대의명분을 앞세운 설득 방법은 오늘날에도 협상이나 교섭에서 빈번히 사용된다. 설득하기 힘든 상대의 체면을 세워주면서 우군으로 만들 수 있기 때문이다. 가령 거대 정당에서 군소 정당의 인재를 스카우트할 때 '우리가 힘을 합치면 보다 쉽게 권력을 잡을 수 있다'고 하면 상대에게 반감을 주지만, '우리가 힘을 합쳐 잘못된 정치를 바로 세우자'고 하면 은근히 어깨에 힘이 실리면서 대접 받는 기분을 느낄 것이다.

미녀는 충신의 혀를 물리치고,
미남은 노신을 물리칩니다

—전신지의 우회 전법

경계심이 생기면 믿음이 사라진다

유세객 장의와 진나라 재상 진진의 관계는 매우 껄끄러웠다. 장의가 호시탐탐 진진의 자리를 노렸기 때문이다. 장의가 여러 나라를 유세하다 드디어 진나라 혜왕에게 초빙되어 함양 땅에 들어왔다. 진진의 입지가 위태로워지자, 유세객 전신지田莘之가 혜왕을 찾아가 말했다.

"전하께서 옛날 곽虢나라 왕의 전철을 밟지나 않을까 걱정됩니다. 당시 진晉나라 헌공은 곽나라를 치고 싶었지만 현신 주지교舟之僑가 있었기에 단념했지요. 그런데 순식荀息이 헌공에게 《주서周書》에 미녀는 충신의 혀도 물리치는 법입니다'라고 조언했습니다. 이에 헌공은 나라 안의 미녀를 뽑아 곽나라로 보냈고, 곽나라 왕이 주지육림에 빠지면서 내정이 어지러워졌습니다. 주지교는 왕에게 미녀를 내치라고 간했지만 받아들여지지 않자 결국 곽나라를 떠났습니다. 그 틈을 타 헌공이 곽나라를 공격하여 멸망시킨 것입니다."

"그런 일이 있었구려."

혜왕은 흥미로운 사례가 나오자 전신지의 말에 귀를 기울였다.

"곽나라를 손에 넣은 헌공이 옆에 있는 우虞나라도 치고 싶었지만, 그 나라에는 현신이자 대부 궁지기宮之奇가 있었으므로 결단을 내리지 못했습니다. 헌공의 내심을 간파한 순식은 또 '미남은 늙은 충신을 능가하니, 군주의 마음을 매혹하는 힘이 있습니다'라고 진언했습니다. 이에 힌트를 얻은 헌공은 우나라에 미남을 보내 궁지기에 대한 험담을 늘어놓도록 했습니다. 그 결과 궁지기 역시 주지교처럼 왕의 미움을 받아 우나라에서 쫓겨나고 말았습니다. 그러자 헌공은 우나라를 즉시 공격하여 빼앗았습니다."

"참으로 뜻 깊은 일화입니다. 한데 그 일과 내가 무슨 관련이 있단 말이오?"

"지금 진나라가 천하의 패자로 군림하는 데 걸림돌이 되는 것은 초나라뿐입니다. 초나라는 호시탐탐 진나라를 노리지만 우리나라의 장수 횡문군이 병법에 뛰어나고, 재상 진진의 지혜가 군계일학임을 잘 알기에 감히 도발하지 못하는 것입니다. 때문에 초나라에서는 장의를 초빙하여 연·제·조·위·한 다섯 나라의 정치를 좌지우지하게 만들었습니다. 한데 장의가 진나라에 들어오면 곽나라의 미녀나 우나라의 미남처럼 횡문군과 진진을 중상모략 하려 할 것입니다. 전하께서는 부디 그의 말에 귀 기울이지 마십시오."

과연 전신지의 말대로 진나라에 들어온 장의는 혜왕에게 수시로 두 사람에 대한 악평을 늘어놓았다. 하지만 경계심이 생긴 혜왕은 들은 체도 하지 않았다.

가벼운 비난도 치명타가 된다 | 전국시대의 유세객들은 서로 다른 나라에 의탁하여 갖가지 지혜를 겨루며 자기 정체성을 확인했다. 소진과 장의, 진진과 전신지 등 당대의 달변가들은 자기 입지를 다지기 위해 상대방에 대한 중상모략을 서슴지 않았다. 이는 약육강식의 논리가 정의로 규정되는 그 시대의 모럴에 비추어보면 커다란 허물이 아니다.

장의는 종횡가縱橫家의 비조. 소진과 더불어 귀곡 선생에게 종횡학을 배웠다. 처음에 초나라에 가서 벽璧이란 보석을 훔친 혐의로 태형을 받고 추방되었으나, 제후에 대한 유세를 계속했다. 소진의 주선으로 진나라에 등용된 다음 혜문왕 때 재상이 되었다. 소진의 합종책合從策에 맞서 연횡책連衡策을 주창하면서 위·조·한 등 동서로 잇닿은 여섯 나라를 설득, 진나라를 중심으로 동맹을 맺게 했다. 그러나 진나라 혜왕이 죽은 뒤 실각하여 위나라로 피신했다가 재상이 된 지 1년 만에 죽었다. 따지고 보면 장의는 진나라의 천하 통일에 중요한 역할을 한 사람이다. 그런 장의에게도 수많은 경쟁자들이 있었고, 진진 또한 그런 인물 중의 하나다.

우리는 여기서 전신지의 말 때문에 진나라 혜왕이 장의를 경계했다는 점을 직시하자. 믿을 만한 예화를 들어 논리적으로 상대를 옭아매면 선입관이 오래 지속된다. 간혹 상대에 대한 부정적인 말투가 더욱 큰 상처를 줄 때도 있다. 강한 상대에게 타격을 주는 방법은 이처럼 다양하다.

스스로 일의 가부를 결정하셨습니다

—장모의 공들인 조언

차근차근 깨닫게 하다

위나라 왕이 신하 장모에게 물었다.

"진나라와 힘을 합쳐 한나라를 치려 하는데, 그대는 어떻게 생각하는가?"

장모는 한참 동안 생각하다가 되물었다.

"전하, 한나라가 자국이 멸망하는 것을 좌시하겠습니까? 아니면 땅을 나누어주면서라도 천하 제후들을 규합하여 위나라와 진나라에 대항하겠습니까?"

"그야 후자겠지."

"그와 같은 상황에서 한나라는 위나라를 원망하겠습니까, 진나라를 원망하겠습니까?"

"아무래도 우리 위나라를 원망하겠지."

"그렇다면 한나라는 진나라와 위나라 중 어느 쪽이 더 강하다고 여기겠습니까?"

"그야 진나라 쪽이 더 강하다고 여기겠지."

"한나라는 땅을 나누어 강하면서 원한이 없는 나라와 손을 잡겠습니까, 아니면 약하면서 원한 맺힌 나라와 손을 잡겠습니까?"

"그것을 말이라고 하는가. 그들은 분명히 강하면서 원한이 없는 나라와 손을 잡을 것이다."

"이로써 전하께서는 진나라와 힘을 합쳐 한나라를 공격하는 일의 가부를 결정하셨습니다."

참다운 사랑 | 사람들은 누구나 자발적으로 행동하고 싶어하고, 자신의 의견이 존중받기를 원한다. 타인에게 강요당하거나 명령 받는다는 느낌이 들면 기분이 나빠지는 건 기정사실이다. 그러므로 대화할 때 남에게 의견을 강요하기보다 다양한 힌트를 주어 자신이 원하는 결론을 내리도록 유도하는 방법이 매우 효과적이다. 그러면 상대는 자신의 역할에 고무될 뿐만 아니라 강한 추진력을 발휘한다. 자신이 결론을 내렸기 때문에 그만큼 책임감도 생겼을 것이다.

장모는 위나라 왕의 결정에 무리가 있다고 여겼지만 무작정 반대하지 않았다. 그는 대화를 통해 왕이 스스로 전국의 정세를 읽어낼 수 있도록 도와주었다. 이것이야말로 궁극적인 설득의 방법이라고 할 수 있다. 자신이 깨우친 진실은 어느 성인의 그것보다 소중하고 단단하기 때문이다.

소크라테스가 제자에게 행한 문답법의 효용이 바로 이것이다. 감성적

보호가 아닌 이성적 방목이 인간의 키를 키운다. 이와 관련된 따뜻한 우화가 하나 있다.

어느 날 나는 들판에서 어미 잃은 병아리를 발견하고 집으로 가져왔다. 나는 그 병아리를 상자 안에 넣고 정성껏 먹이와 물을 주었다. 때때로 나는 병아리가 아주 귀엽기도 하고, 혹시 달아날까 걱정되어 꼭 껴안아주었다. 그런 때면 아버지께서 그렇게 하지 말라고 경고하셨다. 내가 병아리를 사랑하기 때문이라고 항의했을 때 아버지께서 말씀하셨다.
"얘야, 네가 병아리를 정말 사랑한다면 놓아주어야 한단다."

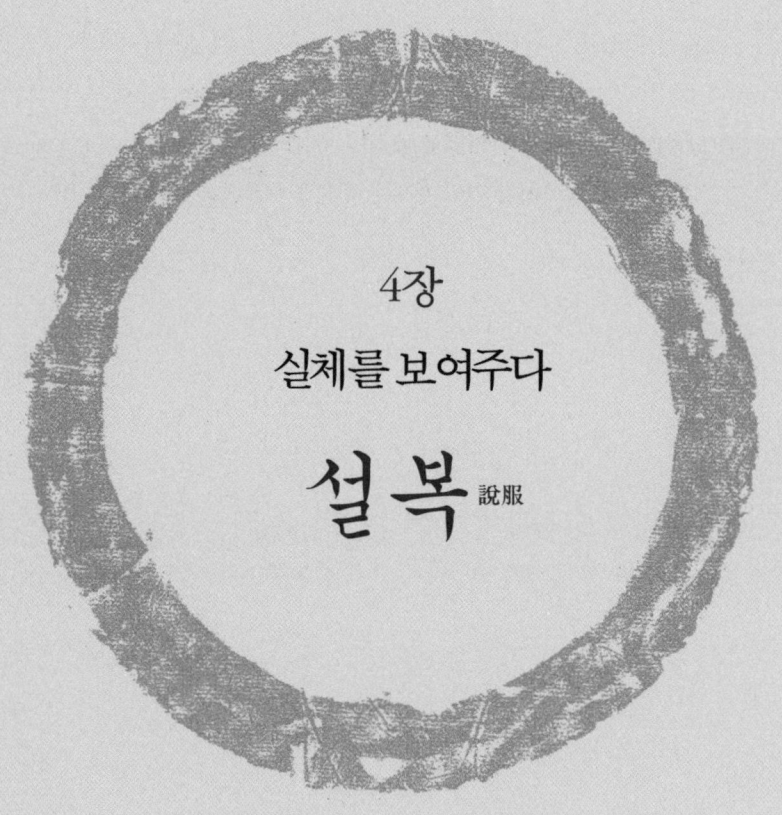

4장

실체를 보여주다

설복 說服

하나님이 말씀하셨다.
세상에 교만과 내가 함께 있을 수 있는 곳은 어디에도 없다.
《탈무드》

위대함은 두 얼굴을 가진 동전이다. 그것의 이면은 겸손이다.
마거리트 스틴 Marguerite Steen

지혜란 넘지 말아야 할 선을 넘지 않는 것이다.
엘버트 허버드 Elbert Hubbard

화를 내는 사람은 논리적으로 생각하지 않는 사람이다.
로웰 필모어 Lowell Fillmore

남을 멸시하기는 쉽지만 자신을 멸시하기는 어렵다.
피터버러 경 Lord Peterborough

팔꿈치와 발이 속삭일 때를 경계하십시오
―자화자찬을 경계한 중기

강자의 방심

진나라 소양왕이 어느 날 신하들을 모아놓고 물었다.
 "요즘 한나라와 위나라는 세력이 어떤가?"
 "예전보다 못합니다."
 "그렇다면 한나라의 명재상 여이와 위나라의 위제는 과거 맹상군이나 망묘에 비교해서 어느 정도인가?"
 "비교할 수 없습니다."
 그 대답에 소양왕은 몹시 기뻐하며 큰소리쳤다.
 "천하에 이름난 맹상군과 망묘 같은 인물이 있던 한나라와 위나라의 군대가 쳐들어왔을 때도 우린 패하지 않았다. 한데 지금 그들보다 무능한 여이와 위제가 합세한다니 우리가 두려워할 게 무엇인가."
 "지당하신 말씀입니다."

자신감 넘치는 소양왕의 말에 신하들은 이구동성으로 찬사를 늘어놓았다. 그런데 좌중에서 거문고를 타던 악사 중기가 혀를 차면서 악기를 내려놓더니 진언했다.

"지금 전하의 판단은 아전인수我田引水 격이라 하지 않을 수 없습니다. 육진六晉의 육경이 강대하여 군주도 능가한 시절이 있었습니다. 그때 지씨가 가장 강하여 범씨와 중행씨를 멸망시키고, 한과 위를 이끌고 진양성에서 조양자를 포위했으며, 진수의 둑을 무너뜨려 진양으로 흘러가게 했으므로 성이 잠기기까지 불과 여섯 척이 남았습니다.

지백이 전차를 타고 전장을 순시하러 나섰을 때 육경의 한 사람인 한강자가 마부로 위장하고 위환자가 수행원 역할을 했는데, 지백이 '나는 물이 남의 나라를 망하게 만들리라곤 생각하지 못했지만 지금에 와서야 이를 알았다'며 좋아했습니다. 그의 곁에 있던 위환자가 한강자를 팔꿈치로 쿡 찌르니, 한강자는 위환자의 발을 밟았습니다.

그렇게 전차 위에서 은밀히 팔꿈치가 나가고 발이 화답했지만 지백은 전혀 알지 못했습니다. 그 후 한강자와 위환자는 멸망 직전에 있던 조양자가 보낸 장맹담의 권유에 따라 거꾸로 지백을 쳐서 멸망시키고 그 영토를 셋으로 나누어 육진이 삼진이 되었습니다. 결국 막강한 힘을 자랑하던 지백의 몸은 갈가리 찢기고 나라는 망했으니 어찌 세상의 웃음거리가 되지 않았겠습니까.

전하께서는 지금 진나라의 힘이 당시의 지백을 능가한다고 보십니까? 결코 그렇지 않습니다. 한나라와 위나라가 우리에 비해 상대적으로 약하지만, 당시의 조나라보다 결코 약하지 않습니다. 오늘 천하의 정세야말로 한나라와 위나라가 팔꿈치와 발로 속삭일 때입니다. 아무쪼록 전하께서는 교만을 거두고 훗날 회한이 없도록 하십시오."

승자의 의무 | 일본 속담에 '이기고 나서 투구의 끈을 조여라'는 말이 있다. 목표를 이루기보다 그것을 지키기가 어렵다는 뜻이다. 한 나라를 경영함에 있어서도 마찬가지다. 평화와 안정을 이루는 것이 지도자의 과제라면, 그것을 유지하는 일 또한 커다란 의무다. 하물며 강대한 제후들끼리 이합집산하면서 창끝을 마주하던 전국시대에 방심은 자멸의 지름길이었다. 자신감이 넘친 소양왕이 희희낙락하자, 중기가 강성하던 지백의 말로를 들면서 허리띠를 더욱 비끄러매라고 경고한 것도 이 때문이다.

자고 일어나면 신기술이 개발되고 신무기가 횡행하는 오늘날은 전국시대의 상황과 다를 바 없다. 승자들이 축배를 드는 짧은 시간 동안 패자들은 그들의 틈새를 비집고 들어와 역전을 꿈꾼다. 기업과 기업, 나라와 나라 사이에 영원한 동맹도 없고 영원한 적도 없다는 사실을 직시하고 경계하는 자만이 살아남을 수 있다. 서투른 자만은 몰락의 서곡이다.

후세에 반드시
술로 나라를 망치는 자가 있을 것이다

—망조를 경고한 노군

나라를 망치는 네 가지 열락

위나라 혜왕이 어느 날 주연을 베풀어 신하들의 노고를 위로했다. 분위기가 고조되었을 때, 혜왕은 시녀로 하여금 재상 노군魯君에게 술잔을 올리도록 했다. 그러자 노군은 손사래를 치며 아랫자리로 내려가더니 옷깃을 바로 하고 직언을 올렸다.

"전하, 옛날 요나라 여자 제녀帝女가 의적이란 사람이 빚은 술을 우禹에게 바쳤습니다. 우가 그 술을 마셔보니 맛이 아주 좋은지라, 곧 의적을 멀리하고 술을 끊은 다음 '후세에 반드시 술로 나라를 망치는 자가 있을 것이다'라고 말했습니다. 또 제나라 환공은 한밤중에 시장기를 느껴 역아가 만든 오미五味를 갖춘 음식을 먹고 이튿날 아침까지 편안하게 잤습니다. 그런 다음 탄식하며 '후세에 반드시 음식으로 나라를 망치는 자가 있을 것이다'라고 말했습니다. 진나라 문공은 남지위라는 미녀에게 흠뻑 빠져 며칠 동안 정사를 돌보지 않더니, 결국 그녀를 쫓아낸 다음 '후세에 반드시 색色으로 나라를 망치는 자가 있을 것이다'라고 말했습니다. 또 초나라 왕은 강대強臺에 올라 붕산을 조망하고, 장강을 왼편에 동정호를 오른편에 두고 양편을 하염없이 바라보면서 얻은 즐거움이 죽음까지도 잊을 정도였습니다. 하지만 나중에는 맹세하여 강대에 오르는 것을 중지하고 '후세에 반드시 고대피지高臺陂池:높은 누각과 비탈에 연못로 나라를 망치는 자가 있을 것이다'라고 말했습니다."

그 말을 듣고 기분이 나빠진 혜왕이 되물었다.

"그것이 지금 나와 무슨 상관이 있단 말인가?"

"지금 전하께서 마시는 술은 의적의 미주, 드시는 음식은 역아의 요리, 백대白臺:옛날 미녀의 이름를 왼편에 여수閭須:옛날 미녀의 이름를 오른편에 거느리는 것은 남지위의 미색, 협림을 앞에 난대를 뒤에 둔 것은 강대의 열락과 같습니다. 이 가운데 하나만으로도 나라를 망치기에 족한데, 전하께서는 지금 네 가지를 모두 즐기고 계십니다. 한 나라의 주인으로서 이를 경계하셔야 하지 않겠습니까?"

"과연 그렇구나."

노군의 간곡한 진언을 듣고 깨달은 혜왕은 즉시 주연을 파했다.

넘어진 사람, 일어선 사람

세상에는 뛰어난 사람이 많지만 모두 성공하지는 못한다. 장점은 자신이 아니라 남이 보아주는 것이기 때문이다. 당신이 법관이 아니라면 숙이는 법을 알아야 한다. 씨앗이 숲 속에서 싹을 틔우기 위해서는 큰 나무와 가까이해도 안 되지만, 너무 떨어져도 곤란하다.

　아랫사람을 칭찬하고 윗사람을 존중하라. 겸손과 자애로움으로 세상을 바라보라. 절제하지 못하면 그 화가 당신을 향해 날아온다. 세상은 성공한 사람들을 공격하며 즐거워한다. 연예계 스타나 유명한 정치인, 성직자, 교육자 등 누구라도 마찬가지다. 하지만 그런 상처를 두려워하지 마라. 넘어지고 일어서는 것은 삶의 본질이다. 끝내 넘어진 사람과 결국 일어선 사람이 다를 뿐이다.

당신이 훨씬 미남입니다
―추기의 자각

듣기 좋은 말을 의심하라

제나라의 재상 성후成侯 추기鄒忌는 키가 8척이나 되는 거인으로 용모도 출중했다. 어느 날 그가 의관을 갖추고 거울을 보며 아내에게 물었다.

"나와 성북成北의 서공徐公 가운데 어느 쪽이 더 잘생긴 것 같소?"

"그야 당신이 훨씬 낫지요. 어떻게 당신을 서공 따위와 비교할 수 있겠습니까?"

성북의 서공은 제나라의 유명한 미남이다. 추기는 아내의 말에 어깨가 으쓱했지만, 왠지 자신이 없어 측실에게 똑같이 물었다. 측실의 대답도 아내와 마찬가지였다. 다음 날 아침 추기는 집에 찾아온 손님과 이야기하는 도중에 물었다.

"나와 성북의 서공을 용모로 비교하면 어떻소?"

"서공이 미남이지만 당신의 용모에는 도저히 미치지 못합니다."

이 대답에도 추기는 반신반의했다. 며칠 뒤 당사자인 서공이 집에 찾아왔는데, 아무래도 서공이 자기보다 훨씬 잘생긴 것 같았다. 그가 돌아간 뒤 거울을 보니 자신이 모자라도 한참 모자랐다. 그날 밤 추기는 잠자리에 누워서 생각했다.

'아내가 내 용모가 뛰어나다고 한 것은 편견에서, 측실이 그렇게 말한 것은 두려움에서, 손님이 그렇게 말한 것은 야심이 있기 때문일 것이다.'

다음 날 아침 조정에 출사한 추기는 제나라 왕에게 말했다.

"저는 용모에서 성북의 서공을 도저히 따를 수 없습니다. 그런데도 아내와 측실과 손님은 각자 내심에 따라 제가 낫다고 말했습니다. 우리 제나라는 천 리 사방에 120성을 가진 대국입니다. 그러기에 궁녀나 측근 중 전하께 아첨하지 않는 자를 찾아보기 힘들고, 조정의 신하 가운데 전하를 두려워하지 않는 이가 없습니다. 나라 안팎으로 전하를 통해 이익을 얻고자 많은 이들이 야심을 품고 있습니다. 이런 상황이라면 전하의 총명은 그런 사람들에 의해 전적으로 가려졌다고 볼 수밖에 없습니다."

"과연 그렇다."

추기의 충고에 귀를 기울인 제나라 왕은 포고령을 내렸다.

"신하나 백성 가운데 나의 과실을 면전에서 비방하는 사람에게는 가장 좋은 상을 내리겠다. 문서로 간하는 사람에게는 보통 상을 내리겠다. 시중에서 나를 비방하는 내용을 알리는 사람에게는 가장 나쁜 상을 내리겠다."

그러자 제나라 왕에게 간언하려는 신하와 백성이 줄을 이었다. 하지만 몇 달 뒤에는 간언하는 자가 드물어졌고, 1년 뒤에는 간하려고 해도 고칠 만한 임금의 과실이 없었다. 그 결과 주변국 연·조·한·위가 모두 제나라를 받들었다. 이것이 바로 조정 내부에서 타국과 싸워 이기는 방법이다.

진실의 습관 │ 추기는 자신의 얼굴을 평가하는 세 인간군에서 편견과 두려움, 야심을 발견했고, 그것이 개인뿐만 아니라 한 나라의 기반까지 흔들 만큼 위험하다는 것을 깨달았다. 때문에 그는 과감히 왕에게 진언하여 전화위복轉禍爲福의 계기로 삼았다.

자신을 제대로 바라보는 일은 남을 제대로 바라보는 것보다 훨씬 어렵다. 몸에 밴 자만이나 애정이라는 마음의 눈으로는 결코 실체를 발견할 수 없기 때문이다. 위대한 로마의 황제이며 철학자 마르쿠스 아우렐리우스는 《명상록》에서 말했다.

'진실을 말하는 것은 글씨를 잘 쓰는 것과 같다. 이 두 가지는 모두 기술적인 문제라고 할 수 있다. 또 어느 것이든 의지보다 습관의 문제다. 이 같은 습관을 몸에 익히는 데 도움이 되는 모든 기회는 유익하다.'

이득을 얻는 자는 따로 있습니다

—소대의 적절한 비유

어부지리

조나라가 군사를 모아 연나라를 공격하려 했다. 그 무렵 연나라에서 일하던 소대가 급히 조나라에 달려가 혜왕惠王을 달랬다.

"제가 역수易水를 지나는 길이었습니다. 커다란 대합 하나가 물가에 나와 햇볕을 쬐는데, 황새 한 마리가 대합의 근육을 쪼았습니다. 화가 난 대합이 껍데기를 닫아 황새의 부리를 꼭 끼워버렸습니다. 그러자 황새가 말했습니다. '오늘도 내일도 비가 오지 않으면 너는 죽는다.' 대합도 말했습니다. '오늘도 내일도 내게서 빠져나가지 못하면 너 역시 죽는다.' 둘은 이렇게 다투며 어느 쪽도 양보하지 않았습니다. 지나가던 어부가 이 광경을 보고 달려와 둘 다 잡았습니다."

"그 이야기가 지금의 형세와 무슨 관계가 있단 말인가?"

"지금 전하께서는 우리 연나라를 공격하려 하십니다. 하지만 연나라에서도 총력을 모아 방어하면 장기적인 소모전이 될 것은 빤한 이치입니다. 이렇게 되어 양국의 백성이 지치면 호시탐탐 두 나라를 노리던 진나라가 어부지리漁夫之利를 얻지 않겠습니까?"

소대의 비유에 공감한 조나라 혜왕은 연나라를 공격하려던 계획을 포기했다.

동귀어진 | 무협 소설에 자주 등장하는 동귀어진同歸於塵이란 말은 상대가 자기보다 강할 때 공멸하고자 목숨을 초개와 같이 던지는 행위를 뜻한다. 흔히 일상에서 분쟁이 일어났을 때 '너 죽고 나 죽자' 하는 식이다. 이와 같은 태도는 자신에게 무책임할 뿐만 아니라 쌍방 간에 씻을 수 없는 상처를 남긴다. 그러면 결과는 어떻게 되는가. 타협 없는 분쟁은 패배로 이어지고, 엉뚱한 곳에서 이득을 보는 자가 생겨나게 마련이다. 어부지리 역시 양보하지 않고 끈질기게 버티는 자의 말로를 적나라하게 묘사한 말이 아닌가.

이 경우는 서로 실리를 탐하는 상황보다 교섭 자체에서 감정이 상했을 때 자주 발생한다. 노사 간의 대화 도중 비위를 거스르는 말 한마디 때문에 파업과 직장 폐쇄로 이어지다가 마침내 폐업에 이르러 한쪽은 회사를 잃고, 한쪽은 직장을 잃는 결과가 우리 사회에서도 비일비재하다.

논쟁할 때는 상대방을 코너에 밀어붙이는 것이 아니라, 함께 승리할 수 있는 윈윈 게임이란 점을 명심하라. 자칫 명분에 얽매여 한쪽의 이득만 고집하면 '함께 먼지로 돌아가는' 꼴을 면키 어렵다.

이런 사람은 대체 어떤 사람입니까?

—공수반을 꾸짖은 묵자

함부로 의리를 논하는 사람

초나라에 머물던 노나라 출신 목수 공수반이 운제를 만들어 장차 송나라를 공격하는 데 쓰려고 했다. 그 소식을 전해 들은 묵자가 송나라를 위해 하루에 100리를 걷는 강행군 끝에 발바닥이 부르트고 물집이 잡혀서 초나라에 도착했다. 드디어 공수반과 얼굴을 맞댄 묵자가 넌지시 운을 뗐다.

"나는 그대가 운제로 송나라를 공격할 것이란 소문을 들었다. 기왕이면 송나라 왕을 죽이도록 하라."

묵자의 말에 공수반은 고개를 저었다.

"나는 의리상 송나라 왕을 죽일 수 없습니다."

그러자 묵자가 큰 소리로 꾸짖었다.

"그게 무슨 말인가? 그대는 운제를 만들어 당장이라도 송나라를 공격하려 하지 않는가. 도대체 송나라에 무슨 원한이 있기에 그러는가. 당신이 의리상 송나라 왕을 죽이지 않겠다고 해도 전쟁이 벌어지면 많은 백성이 죽을 수밖에 없다. 그대가 송나라를 공격하는 일에 의리가 있단 말인가. 어찌 함부로 의리를 들먹이는가?"

"……."

공수반은 꿀 먹은 벙어리가 되고 말았다.

도벽이 있는 사람

공수반과 헤어진 묵자는 다시 초나라 왕을 찾아가 물었다.

"여기 한 사람이 있습니다. 그는 자신의 아름다운 수레를 버려두고 이웃의 망가진 가마를 훔치려 합니다. 자신의 기름진 쌀과 고기를 버려두고 옆집의 쌀겨와 뼈다귀를 훔치려 합니다. 이런 사람은 대체 어떤 사람입니까?"

"도벽이 있는 사람이지."

초나라 왕이 망설임 없이 대답했다. 그러자 묵자는 초나라 왕을 응시하며 단호하게 꾸짖었다.

"초나라 땅은 사방 5000리인 데 비해 송나라는 500리에 불과합니다. 이는 아름다운 수레와 망가진 가마의 차이와 다르지 않겠지요. 게다가 초나라에는 운몽과 같이 큰 소택이 있고, 코뿔소와 들소, 사슴 같은 짐승이 많으며, 양자강과 한수에는 어류가 넘칠 정도로 많습니다. 반면 송나라는 흔해 빠진 꿩이나 토끼, 붕어조차 없는 가난한 나라입니다. 이는 흰쌀에 겨를 비교하는 것과 마찬가지입니다. 초나라에는 또 커다란 소나무와 결이 아름다운 가래나무, 편나무, 예장 등 아름다운 재목이 많은데, 송나라에서는 그런 나무를 찾아볼 수가 없습니다. 이는 수놓은 비단과 누더기의 차이입니다. 사정이 이와 같은데 전하의 신하들은 어찌하여 송나라에 욕심을 낸단 말입니까. 이것이 도벽이 아니고 대체 무엇이란 말입니까?"

거칠 것 없는 묵자의 변설에 초나라 왕은 탁자를 두드리며 고개를 끄덕였다.

"참으로 옳은 지적이오. 그대의 말을 들으니 송나라를 공격할 마음이 사라졌소."

그렇게 해서 송나라는 풍전등화의 운명을 되돌릴 수 있었다.

타협하라 | '물 1갤런보다 꿀 한 방울이 파리를 많이 잡는다'는 말이 있다. 이것이야말로 사람의 마음을 끌어당기는 비결이다. 사회생활은 사람과 사람의 만남이다. 그러므로 대화할 때는 자석의 양극과 음극이 어울리듯 자연스럽게 상대를 받아들이려는 마음가짐이 있어야 한다. 양극과 양극, 음극과 음극은 서로 밀쳐낸다.

인간관계도 마찬가지다. 다른 사람에게 험한 소리를 들으면 그가 원하는 대로 움직일 리 없다. 그가 우격다짐으로 나오면 나도 우격다짐으로 상대할 것이다. 그러나 서로 유연한 태도로 당면한 문제의 원인을 규명하고 타협을 이끌어내고자 하면 내용은 완전히 달라진다. 견해차는 인내와 솔직함, 선의만 있다면 충분히 해결될 수 있기 때문이다.

상대방에게 나를 미워하고 적대시하는 마음이 가득하면 아무리 시시비비를 따져도 바라는 결론에 도달할 수 없다. 인간은 자신의 뜻을 쉽사리 포기하지 않는 성질이 있다. 그러므로 그가 쉽게 내 의견에 동조하리라고 단정해서는 안 된다. 하지만 어떤 전제도 없이 허물없는 태도로 대하면 의외의 결과를 얻는 경우가 종종 있다.

  대화나 교섭에서 타협이나 양보는 굴욕이 아니라 협상의 기본이다. 상대의 체면을 세워주는 것은 물론, 자신의 품격을 높이는 방법 가운데 하나다. 타협하는 과정에서 서로 원하는 것을 얻었는데도 왠지 미진한 느낌이 들 때는 대개 대화의 주도권을 빼앗겼기 때문이다. 똑같은 말이라도 이편에서 먼저 하느냐, 저편에서 먼저 하느냐에 따라 미묘한 승부의 차이로 나타난다. 후퇴를 결심했다 해서 그 진의를 상대가 명백히 알 수 있도록 하는 것은 금물이다.

  《맹자》의 〈이루離婁〉편에는 '공수반 같은 기교에도 자가 없으면 네모나 동그라미를 그릴 수 없다'는 말이 있다. 최고의 장인이라도 도구나 환경이 뒷받침되지 않으면 무기력한 상황에 처한다. 이 경우 익은 벼와 같이 고개를 숙이고 때를 기다려야 한다.

측근이 가까워지면
신변이 위태롭습니다

─ 상앙의 비극

가지가 뿌리보다 성하면 잘린다

위나라 출신의 상앙商鞅이 진나라에 망명하자, 효공이 그를 재상으로 삼고 상商을 봉읍으로 주어 상군으로 칭했다. 그때부터 진나라의 정치를 도맡은 상앙은 법을 엄격하고 공평하게 적용했다. 권력자라도 죄를 지으면 벌하는 데 서슴지 않았고, 가까운 사람이라 해서 온정을 베풀지 않았다. 급기야 그 영향이 태자에게 미쳐 태자의 호위병이 대신 몸에 문신을 당하거나 코가 잘리는 형벌까지 받았다.

 1년이 지나자 진나라 땅에서는 길가에 버려진 물건이라도 감히 줍는 사람이 없었고, 의심받을 만한 물건은 결코 받지 않았다. 나라의 기강이 확립되자 진나라의 군대는 막강해졌고, 천하 제후들은 두려움에 몸을 사렸다. 하지만 부작용도 만만치 않았다. 법률이 너무나 가혹하여 관용이 없었으므로 백성의 원성이 높아졌고, 책임 추궁이 두려워 새로운 일을 시작하려는 사람이 사라졌다. 법의 권위가 만인 위에 우뚝 섰을 뿐이었다.

진나라 효공은 8년 동안 상앙의 변법에 따라 나라를 다스렸고, 죽기 전에 왕위를 상앙에게 물려주려고 했다. 하지만 상앙이 신하의 예에 따라 굳이 사양하여 태자가 보위에 올랐다. 그가 곧 혜왕이다. 상앙이 휴가를 얻어 조정을 비운 틈을 타 한 책사가 혜왕에게 진언했다.

"재상의 권력이 너무 커지면 나라가 위험하고, 측근이 가까워지면 신변이 위태로운 법입니다. 지금 우리나라에서는 남녀노소 할 것 없이 상앙의 법률은 잘 알아도 제왕의 법은 모릅니다. 이는 그가 군주의 대접을 받고, 반대로 전하께서 신하 대접을 받는 것과 같습니다. 게다가 전하께서는 태자 시절에 상앙에게 벌을 받은 일이 있지 않습니까. 이는 원수와 마찬가지니 잘 생각해서 처결하십시오."

태자 시절 받은 수모를 떠올린 혜왕은 상앙이 돌아오자마자 역모의 누명을 씌워 목숨을 빼앗았다. 법으로 진나라의 기초를 다진 상앙은 자신이 만든 법을 통해 비극적인 최후를 맞았다. 하지만 오랫동안 그의 가혹한 정치에 질린 백성은 아무도 측은해하지 않았다.

나를 찾아라

춘추시대의 명재상으로 알려진 도주공 범여는 월나라 왕 구천을 도와 경쟁국 오나라를 멸망시켰지만, 곧 제나라로 탈출해 장사를 하며 살았다. 그때 제나라에서 재상 자리를 권하자, 그는 다시 조나라로 도망쳐 큰 부자가 되어 유유자적한 노후를 보냈다. 명철보신明哲保身이란 말이 그에게서 나왔다. 하지만 한 고조 유방을 도와 천하 통일에 일조한 회음후 한신은 변하지 않은 까닭에 모함을 받아 실족하고 말았다. 명철보신하지 않아 토사구팽 당한 것이다. 변하지 않으면 시든다는 것은 만고의 진리다.

우리가 아는 위인들은 대부분 커다란 위기를 헤쳐 나갔을 뿐만 아니라, 결정적인 시기에 모든 것을 버릴 줄 아는 사람들이었다. 그들은 운명을 개척하기 위해 자신을 단련했고, 주변의 변화를 예리하게 관찰하면서 자신을 변화시켰다. 시시때때 다가오는 기회와 위기의 순간에 대처할 줄 아는 사람만이 역사에 이름을 남긴다. 이런 면에서 상앙은 대표적인 실패자다.

법가法家인 상앙은 걸출한 인재라, 스승 공숙좌는 위나라 혜왕에게 그를 등용치 않으려거든 차라리 죽이라고 종용했다. 그는 진나라 효공에게 발탁된 뒤 절대적인 신임을 바탕으로 개혁을 주도해 대륙 통일의 기틀을 마련했다. 주변의 모든 것을 바꾸고 정돈했지만, 정작 자신은 변하지 않았기 때문에 정권이 바뀌자마자 모든 것을 잃고 말았다. 효공 사후 혜왕이 보위에 오르자 태부 공자건과 태사 공손가의 참소를 받아 도망치다가 정나라 면지 땅에서 죽음을 당했다. 화무십일홍花舞十日紅이라, 빛이 있으면 그림자가 있다는 만고의 진리를 간과한 것이다.

모든 것은 저들의 뜻에 달렸습니다
―우경의 한숨

절차가 중요하다

진나라와 벌인 장평 전투에서 참패하여 궁지에 몰린 조나라 효성왕이 재상 누창과 우경을 불러 현 상황을 뒤집기 위한 대책을 물었다.

"우리 군대는 이번 싸움에서 뛰어난 장수와 병사들을 모두 잃었다. 하지만 진나라 쪽의 피해도 만만치 않을 것이고, 저들은 지금 승전에 취해 방심하고 있을 테니 남은 군사로 진나라를 급습하는 것이 어떻겠는가?"

"아무런 이득이 없습니다. 하루빨리 진나라에 사신을 보내 강화를 제의하는 것이 상책입니다."

누창의 말에 우경이 덧붙였다.

"본래 전쟁에 패한 쪽에서 강화를 입에 올리는 것은 그렇게 하지 않으면 국가 존망의 위기를 맞기 때문입니다. 강화는 저들의 뜻에 달렸습니다. 그런데 전하께서는 어찌하여 남은 군대로 진나라를 급습하면 승리할 거라고 생각하십니까?"

"오랜 전쟁으로 진나라도 여력이 없을 거라고 판단하기 때문이오."

"전하께서는 즉시 초나라와 위나라에 금은보화를 보내 회유하십시오. 그러면 진나라는 천하 제후들이 합종 하는 것이 아닌가 의심하여 섣불리 군대를 움직이지 못할 것입니다. 그렇게 사전 공작을 한 다음 강화를 논의하면 진나라는 받아들일 수밖에 없을 겁니다."

하지만 효성왕은 우경의 진언을 무시하고, 정주를 파견하여 진나라의 평양군과 강화를 논의토록 했다. 그런 다음 다시 우경에게 물었다.

"진나라에서는 정주를 입국시켰고, 우리 군대가 그 뒤를 은밀히 따르고 있다. 그대가 보기에 앞으로 상황이 어떻게 전개되겠는가?"

그러자 우경이 한숨을 쉬며 대답했다.

"정주는 진나라에서 강화에 대해 한 마디도 꺼내지 못하고, 우리 군대는 패할 것입니다. 지금 진나라에는 천하 제후들이 보낸 전승 축하 사절로 가득합니다. 정주 또한 조나라의 귀인으로 진나라에 들어갔으니, 진나라의 소양왕은 재상 범수와 함께 정주를 환대하여 천하 제후들에게 자랑할 것입니다. 그 결과 초나라와 위나라는 우리가 진나라와 강화한 것으로 믿고 고개를 돌리지 않겠습니까? 그런 상황은 진나라가 바라던 바니, 뒤늦게 우리가 강화를 요구해도 들어줄 리 만무합니다."

과연 우경의 예언대로 조나라는 진나라와 강화를 맺지 못하고 전쟁에서 대패했으며, 효성왕은 결국 진나라에 입조하는 수모를 당하고 말았다.

유비무환有備無患 | 우리가 도로에서 주의하는 것은 교통사고의 잠재적 위험 때문이지, 어느 사람이 악의를 가지고 자신에게 달려들리라 의심해서가 아니다. 실제로 그런 위험에 처하더라도 주변 환경을 꼼꼼히 살피며 준비하는 사람은 사고의 위험에서 어렵지 않게 벗어날 수 있다.

조나라의 효성왕은 욕심 때문에 뛰어난 예지력과 판단력을 갖춘 참모들의 조언을 무시했다가 라이벌인 진나라 소양왕에게 무릎 꿇는 신세가 되었다. 험한 길에서는 아무리 유능한 조수가 있어도 운전자가 고집불통이면 사고를 피할 수 없는 법이다.

무엇을 더 삼키지 않겠습니까?

―자식의 고기를 먹은 악양

과도한 충성은 의심을 부른다

위나라의 장군 악양이 중산국을 공격했다. 당시 그의 아들은 중산국에 인질로 가 있었다. 갑작스런 위나라 군의 공세에 분개한 중산국 왕은 악양의 아들을 죽인 다음 요리를 해서 그에게 보냈다. 하지만 악양은 눈도 껌뻑이지 않고 그 요리를 받아 남김없이 먹어 치웠다. 그 소식을 전해 들은 위 문후는 감격해 마지않았다.

"악양이 나를 위해 사랑하는 자식의 고기까지 먹었구나."

그러자 곁에 있던 도사찬이 차갑게 말했다.

"전하, 그렇지 않습니다. 자식의 고기까지 먹는 사람이라면 앞으로 무엇을 더 삼키려 들지 모릅니다."

그 말을 들은 문후는 공격 중지 명령을 내렸다. 악양이 중산국에서 철수하자, 문후는 그의 군공을 칭찬하면서도 경계심을 풀지 않았다.

마땅히 분노해야 할 때 | 지나친 복수심이나 충성심은 한때 자신의 입지를 다지는 데 도움이 되지만, 결국 자신을 한계 상황으로 몰아붙이는 지뢰가 되기도 한다. 극단적인 성격은 상대에게 두려움을 주지만, 동료들에게도 경계심을 불러일으키기 때문이다.

충성심을 증명하기 위해 아들의 살과 뼈로 만든 요리를 삼키며 담대하게 적과 대응한 악양은 어쩌면 주나라 문왕이 장남 백읍고의 살로 빚은 떡을 먹은 고사를 떠올렸는지도 모른다. 하지만 문왕의 일은 폭군 주왕의 노림수에서 벗어나기 위한 고육지책이었다.

대군을 통솔한 위나라의 장수로서 중산국에 비해 강자의 위치에 있던 악양은 자식의 비극을 충분히 분노하고 애통해했어야 마땅하다. 그의 행동이 조국에 대한 충정이었다 할지라도, 도리에 어긋난 만행은 주인의 발뒤꿈치에 화살을 박는 역심으로 표변할 수 있다. 도사찬은 이 점을 지적한 것이다.

악양과 비슷한 인물로 천하제일의 요리사 역아가 있다. 그는 자신이 모시던 제나라 환공이 "세상의 음식은 다 먹어보았는데 사람 고기만 못 먹어보았다"고 뇌까리자, 자기 자식을 요리해서 바쳤을 만큼 비정한 간신이다. 훗날 환공은 개방, 수조와 함께 역아를 내치라는 명재상 관중의 유언을 외면했다가 세 사람에 의해 비참하게 목숨을 잃고 나라까지 망쳤다.

바람은 쓸쓸하게 불고
역수는 차다

—형가의 탄식

흔들리는 조국

연나라 태자 단(丹)이 진나라에 인질로 가 있다가, 냉대를 견디지 못하고 도망쳤다. 이때 진나라의 시황제는 여섯 제후국을 병합한 다음, 천하를 통일하기 위해 병력을 연나라 국경에 있는 역수까지 진출시킨 상황이었다. 이에 단은 곧 닥쳐올 국난을 걱정하면서 태부 국무에게 부탁했다.

"연나라와 진나라는 도저히 양립할 수 없소. 아무쪼록 좋은 대책을 세워주시오."

"진나라의 영토는 이제 천하에 걸쳐 있고, 위력은 과거 삼진을 압도할 지경입니다. 그러므로 저들이 마음만 먹으면 우리 연나라는 멸망을 피할 수 없습니다. 저들과 함부로 맞서지 마십시오."

"그렇다면 어떻게 해야 화를 면할 수 있겠는가?"

"아직 시간이 있으니 함께 방법을 모색해야겠지요."

두 사람은 악화된 상황을 한탄하며 때가 오기만 기다렸다. 얼마 후 진나라의 장군 번어기가 진시황의 노여움을 사서, 연나라로 도망쳐 들어왔다. 진나라에 있을 때 번어기와 깊은 교분을 맺은 태자는 그의 입국을 허가하고 극진히 대접했다. 이에 태부 국무가 근심 어린 표정으로 진언했다.

"그래서는 안 됩니다. 난폭한 진나라 왕에게 원한을 부추기는 것은 몹시 위험한 일입니다. 더욱이 그가 미워하는 번어기가 연나라에 의탁했다는 사실을 알면 옳다구나 하면서 굶주린 호랑이처럼 달려들 것입니다. 이런 상황에서는 우리에게 관중이나 안영 같은 인물이 있어도 도리가 없습니다. 아무쪼록 전하께서는 번어기를 북방의 흉노에게 보내 진나라가 트집 잡을 구실을 주지 마십시오. 그런 다음 서쪽의 삼진과 교분을 두텁게 하고, 남방의 제나라·초나라와 연합하며, 북방 흉노의 단간과 강화를 맺어야 합니다. 그 후에야 안심하고 진나라에 대한 대책을 강구할 수 있습니다."

그러자 태자는 얼굴을 찡그리며 답했다.

"태부의 계획은 너무 유장하오. 그 말을 듣자니 무엇을 먼저 해야 할지 감이 잡히지 않는구려. 더군다나 지금 번어기는 사정이 어려워 내게 몸을 의탁했는데, 진나라의 협박 때문에 사람의 정을 떨치고 흉노로 쫓아 보내는 짓은 할 수 없소. 이는 나의 운명이니 태부도 깊이 생각해주시오."

"전하의 뜻이 완강하시니 저로서도 어찌할 도리가 없군요. 우리 연나라에는 지용이 뛰어난 전광이란 현인이 있으니 진나라의 일은 그와 상의해주십시오."

"그 말에 따르겠소."

태자가 허락하자 국무는 전광을 찾아가 도움을 청했다.

의인의 행동

전광은 태자의 부름을 받아 지체하지 않고 달려갔다. 이에 태자는 친히 좌석의 먼지를 털고 예를 갖추어 그를 맞이했다.

"진나라는 우리와 공존할 수 없는 적입니다. 선생께서 진나라 왕을 제거할 좋은 계책을 마련해주시오."

"천리마는 한창 무렵에는 하루에 천 리를 달리지만, 나이가 들면 보통의 늙은 말에도 미치지 못한다고 했습니다. 태자께서는 제가 젊었을 때의 명성만 믿고 늙었음을 간과하고 계십니다. 하지만 국사를 물으시니 어찌 헛되이 하겠습니까. 어쩌면 이 일은 제 친구 형가荊軻가 도움이 될 것입니다."

"아, 그런 인물이 있다면 어서 소개해주시오."

태자가 흔쾌히 자신의 말을 받아들이자 전광은 자리에서 일어났다. 그때 태자가 다짐했다.

"오늘 우리가 나눈 이야기는 나라의 중대사니 절대로 타인에게 발설해서는 안 됩니다."

"걱정 마십시오. 제게도 생각이 있습니다."

전광은 이렇게 맹세하고 대궐에서 나와 곧바로 형가를 찾아갔다.

"연나라에서 나와 그대의 관계를 모르는 사람이 없다. 오늘 태자는 늙고 쇠약한 나에게 진나라 왕을 도모할 계책을 물었다. 이 일은 실로 중대하니 함부로 발설해서는 안 된다고 했다. 이에 나는 적임자로 그대를 소개했으니 부디 태자를 만나주게."

"알겠습니다."

형가가 승낙하자 전광은 집으로 돌아와 다음과 같이 말하며 스스로 목숨을 끊었다.

"의인은 의심 받을 행동을 하지 않는다. 그런데도 태자는 나에게 국사를 의논하면서 누설하지 말라고 했으니, 이는 분명 태자가 나를 의심했음이다. 이래서야 어찌 내가 의인이라고 할 수 있으랴."

전광은 자결하기 전에 형가를 격려하고, 서둘러 태자에게 가서 자신이 죽음으로써 비밀을 지켰음을 알려달라고 부탁했다. 형가는 눈물을 뿌리며 입궐해서 전광의 목을 내밀며 그의 유언을 전했다. 그러자 태자는 엎드려 재배하고 무릎걸음으로 나아가는데 눈물이 그칠 줄 몰랐다. 태자는 이렇게 탄식했다.

"내가 전광 선생에게 누설하지 말라고 한 것은 대사의 모의를 성취하기 위해서지, 죽음으로 결백을 증명해달라는 뜻은 아니었습니다."

태자의 계획

드디어 형가가 자리에 앉자 태자는 그에게 공손히 절하고 말했다.

"전광 선생이 나의 어리석음을 모르고 선생을 소개해주었으니, 부디 앞길을 열어주신다면 하늘이 연나라를 불쌍히 여겨 버리지 않을 것입니다. 지금 진나라는 탐욕이 극에 이르러 천하를 움켜쥐기 전에는 절대로 만족하지 않을 것입니다. 그들은 한나라 왕을 사로잡고 한나라의 전토를 병합했으며, 남방의 초나라는 물론 북방의 조나라까지 넘보고 있습니다. 진나라 장수 왕전은 수십만 병력을 이끌고 장수와 업 땅을 침략했고, 장수 이신은 태원과 운중 쪽으로 진군하고 있습니다. 미루어보건대 조나라는 진나라의 대군을 막아내지 못해 결국 멸망할 것이니, 그들의 다음 목표는 분명 연나라가 될 것입니다. 우리 연나라는 약소국으로 병력도 약해 아무리 총력을 기울여도 진나라를 이길 수 없는데, 천하 제후들마저 차례대로 진나라에 복종하여 우리와 합종 하려 하지 않습니다."

"그렇다면 어떤 복안이라도 있습니까?"

형가가 되묻자 태자는 비장한 어조로 대답했다.

"나는 어리석게도 이런 계획을 세워보았습니다. 진나라 왕이 탐낼 만한 보물과 함께 용사를 진나라에 사신으로 보내 기회를 엿보아 소기의 목적을 달성하는 것입니다. 진나라 왕을 위협하면 과거 제나라 환공과 노나라의 조말처럼 제후들에게서 빼앗은 땅을 전부 돌려줄 수도 있지 않겠습니까. 여의치 않으면 진나라 왕을 죽여야 합니다. 지금 진나라의 장수들은 외지에서 병사들을 조련하는 데 전념하고 있으므로, 나라 안에서 대란이 일어나면 대외의 신하들은 서로 의심하여 혼란에 빠질 것입니다. 그 틈에 제후들이 힘을 합쳐 진나라를 격파할 수도 있습니다. 이것이야말로 제가 가장 이루고 싶은 소원입니다. 하지만 이와 같은 중대사를 감히 누구에게 맡기겠습니까. 전광 선생은 바로 선생을 적격자로 보셨습니다."

형가는 한참 동안 생각하더니 입을 열었다.

"전하의 계획은 너무나 엄청나서 저로서는 감당하기 어렵습니다."

이에 태자가 몇 차례 절을 하며 간청했으므로 형가는 승낙할 수밖에 없었다. 그날로 태자는 형가를 상경으로 삼고 일등 관사에 살게 했으며, 매일같이 문안을 드리고 훌륭한 요리를 바쳤다. 또 진귀한 음식과 미녀를 보냈고, 한동안 그가 편안히 지낼 수 있도록 했다. 그렇지만 형가는 웬일인지 선뜻 진나라로 가려 하지 않았다.

번어기의 목

그사이 진나라의 장수 왕전이 조나라를 격파하여 조왕을 사로잡고 전토를 장악했으며, 다시 병력을 북방으로 이동시켜 연나라의 남쪽 국경까지 이르렀다. 태자 단은 안절부절못하며 형가에게 달려가 말했다.

"진나라 군대가 역수를 건너면 언제까지나 선생을 돌봐드리려 해도 불가능합니다."

그러자 형가는 옷깃을 바로 하고 대답했다.

"사실은 제가 먼저 전하를 찾아뵈려 했습니다. 제가 진나라로 간다 해도 신용을 얻을 물건이 없으면 진나라 왕에게 접근할 수 없습니다. 그런데 진왕이 지금 우리나라에 머무르는 진나라 장수 번어기에게 금 1000근과 읍 1만 가의 현상금을 내걸었습니다. 번어기의 목과 비옥한 독항 지방의 지도를 가져간다면 진나라 왕은 틀림없이 저를 가까이할 것입니다. 그러면 반드시 목적을 이룰 수 있습니다."

"번어기 장군은 곤궁에 빠져 나에게 의지한 사람입니다. 내 형편 때문에 그의 마음을 상하게 할 수는 없습니다. 아무쪼록 다른 계획을 세워주시오."

태자가 딱 잘라 거절하자, 형가는 몰래 번어기를 찾아가 말했다.

"그대에 대한 진나라의 처우는 실로 잔혹했습니다. 부모는 물론 일족을 전부 죽인데다, 그대까지 죽이려 하고 있습니다."

그러자 번어기는 크게 탄식했다.

"그 생각이 날 때마다 원한이 골수에 사무칩니다만, 어찌해야 좋을지 모르겠습니다."

"지금 그대의 결심 하나로 연나라의 걱정이 해결되고, 장군의 원수도 갚을 방법이 있습니다."

"정말입니까?"

번어기가 앞으로 나서며 물었다. 이에 형가는 또렷한 목소리로 대답했다.

"그대의 목이 있으면 됩니다. 그것을 진왕에게 헌상하면 그는 반드시 기뻐서 저를 가까이할 것입니다. 그러면 나는 왼손으로 진왕의 소매를 잡고 오른손으로 가슴을 찌를 것입니다. 장군의 원수도 갚고, 연나라의 부끄러움도 단번에 씻어낼 수 있는 방법은 이것뿐입니다."

그러자 번어기는 한쪽 어깨를 벗어젖히고 한 팔을 다른 팔로 지탱하여 높이 올리고 나아가서 말했다.

"내가 밤낮 노여움으로 이를 가는 것은 진나라 왕에 대한 복수심 때문입니다. 선생의 가르침을 받고야 비로소 내가 무엇을 해야 할지 깨달았습니다."

그리곤 칼을 빼어 들더니 스스로 목을 쳐서 죽었다. 그 소식을 들은 태자는 번어기의 시체에 매달려 통곡했다. 태자가 천하의 명검으로 알려진 조나라의 장인 서부인의 비수를 구입해 독약을 칠하고 구워 죄수들을 베어보았더니, 실오라기만큼 피가 흐르고 상처가 조금 났는데도 그 자리에서 죽지 않는 사람이 없었다. 드디어 준비를 갖추자 태자는 형가를 진나라에 파견하기로 했다.

서두르면 실패한다

이때 연나라에는 진무양이라는 장수가 있었는데, 열세 살 때 사람을 죽였을 정도로 용맹하고 기상이 거칠었다. 태자는 그를 형가의 부사로 삼아 일을 도모하도록 했다. 한편 형가는 함께 일을 치를 사람을 기다리는데, 사는 곳이 멀어 시일이 지나도 그가 도착하지 않았다. 그러자 태자는 형가가 변심한 것이 아닌가 싶어 출발을 재촉했다.

"정한 날짜가 촉박한데 선생께서는 왜 망설이십니까? 마음에 거리끼는 바가 있다면 저는 진무양만 사신으로 보낼까 합니다."

이에 형가는 태자를 책망하며 말했다.

"오늘 서둘러 가면 반드시 실패하고, 절대 돌아오지 않는 자는 철부지 진무양일 것입니다. 비수 한 자루를 들고 마음속을 알 수 없는 진나라로 들어가야 하는 일입니다. 제가 출발을 늦추는 것은 동지 한 사람을 기다려야 하기 때문입니다만, 전하께서 너무 늦는다고 의심하시니 그냥 떠나겠습니다."

드디어 형가가 출발하는 날, 태자와 빈객들은 모두 흰 상복에 의관을 갖추고 역수까지 전송했다. 그 자리에서 신에게 제사 지낸 다음 진나라로 향했다. 이때 형가의 친구 고점리가 비파를 뜯고, 형가는 그에 맞추어 노래를 불렀다. 그 소리가 어찌나 비장한지 눈물 흘리지 않는 사람이 없었다.

> 바람은 쓸쓸하게 불고
> 역수는 차다.
> 장사壯士 한번 떠나면
> 다시는 돌아오지 않네.

이윽고 함양에 도착한 형가는 진나라의 총신 증서자와 몽가에게 천금을 보냈다. 이에 몽가가 진나라 왕에게 말했다.

"연나라 왕은 진심으로 전하의 위세를 두려워하여 복종하고 경모하니, 결코 무력으로 대항하려 들지 않을 것입니다. 그들은 스스로 몸을 낮추어 공물을 바치고, 다만 선왕의 종묘를 지키겠다고 합니다. 그렇지만 황송하여 직접 말씀드리지 못하고 상경인 형가란 사람을 보냈습니다. 그가 번어기의 목과 독항 지방의 지도를 가져왔습니다. 연나라 왕은 더불어 폐하께 경의를 표하고, 헌상물을 지참한 사신을 친견해달라고 청했습니다."

진시황은 대단히 기뻐하면서 조회복을 입고 함양궁에서 연나라 사신을 맞이하기로 했다. 시간이 되자 형가는 번어기의 목이 담긴 함을, 진무양은 독항 지방의 지도가 든 문갑을 들고 앞뒤로 나아가 궁궐의 계단 밑에 이르렀다. 그런데 진무양의 안색이 창백하고 몸을 떨어 진나라의 신하들이 이상하게 생각했다. 형가는 진무양을 돌아보며 비웃고, 진시황 앞으로 한 걸음 나아가 그의 태도를 사과했다.

"이자는 북방의 오랑캐 출신으로 황제를 뵌 적이 없어 두려움에 떨고 있습니다. 폐하께서는 제발 이자의 무례를 용서하시고, 제가 어전에서 사신의 대임을 완수할 수 있도록 허락해주십시오."

이에 진시황은 마음이 흡족하여 명했다.

"좋다, 그대는 일어나 저자가 들고 있는 지도를 내게 가져오라."

드디어 때가 되었다. 형가는 조심스럽게 지도를 받쳐들고 나아가 진왕에게 바쳤다. 이윽고 진왕이 지도를 펴는데 지도 끝 부분에서 비수가 나왔다. 형가는 재빨리 그것을 뽑아 왼손으로 진왕의 소매를 잡고 오른손으로 찌르려 했다. 하지만 안타깝게도 비수는 진왕의 몸을 아슬

아슬하게 비켜갔다. 진왕이 기습에 깜짝 놀라 일어섰는데 소매가 풀려서 떨어졌다. 그가 옆에 있는 검을 빼려고 했으나 길어서 빠지지 않아 칼집째 들고 저항했다. 그런데 당황해서 몸이 제대로 움직이지 않았다. 그러다가 비수를 든 형가가 쫓아오니 진왕은 허둥지둥 기둥 주위로 도망쳤다.

신하들은 갑작스런 사태에 어쩔 줄 몰랐다. 진나라의 법으로는 어전에 배석하는 신하들은 쇠붙이를 한 치도 지닐 수 없었고, 위사들은 무기를 들고 궁전 밑에 줄지어 있었지만 명령이 없으면 오르지 못했기 때문이다. 그러므로 형가가 사납게 진왕을 쫓아다녀도 그 앞을 가로막는 사람이 하나도 없었다. 그러자 시의 하무차가 들고 있던 약낭을 형가에게 던져 그를 제지했다. 이때 넋을 잃고 피해 다니던 진시황에게 좌우의 신하들이 이구동성으로 소리쳤다.

"검을 등에 메십시오."

그 말을 들은 진시황이 겨우 칼집을 등에 메고야 칼을 뺄 수 있었다. 그런 다음 역습을 가해 형가의 왼쪽 넓적다리를 잘랐으므로 형가는 마침내 쓰러졌다. 그 와중에도 형가는 진시황에게 비수를 던졌지만 기둥에 꽂혔다. 유일한 무기를 잃은 형가는 진시황의 칼에 여덟 군데나 찔리고 말았다. 마침내 일이 성취되지 못함을 깨달은 형가는 기둥에 기대어 웃고는 다리를 벌리고 앉으면서 큰 소리로 말했다.

"이 일이 실패한 것은 내 일신이 살아서 진나라 왕을 위협하고 반드시 빼앗긴 땅을 반환하겠다는 계약을 받아내려 했기 때문이다."

이렇게 되자 진나라의 신하들이 우르르 몰려가 형가를 짓밟아 죽였다. 갑작스런 사태에 지친 진시황은 긴장이 풀리자 기절하여 한참 동안 일어나지 못했다. 형가의 자객 임무가 실패로 끝난 다음 진시황은 공적을 평가하여 신하들에게 상을 주었는데, 시의 하무차에게는 황금 100일과 벼슬을 내렸다. 그 일이 있고 크게 노한 진시황은 더 많은 병력을 조나라에 보내고, 왕전에게 명하여 즉시 연나라를 공격하도록 했다. 그리하여 열 달 만에 연나라의 수도 계성이 함락되었다.

연나라 왕과 태자 단은 모두 정병을 이끌고 동쪽으로 도망쳐 요동에서 농성했다. 하지만 진나라의 장수 이신이 추격하자, 연나라 왕은 태자 단의 목으로 회유하려 했다. 진나라는 공격의 고삐를 늦추지 않고 5년 동안 요동을 집중 공격한 끝에 연나라를 멸망시키고, 연나라 왕 희를 사로잡았다. 이리하여 진나라는 천하를 병합하는 데 성공했다. 그 후 형가의 친구 고점리 역시 진시황을 찾아가 곡을 들려주다가 습격했지만 실패하고 죽음을 당했다.

대의명분의 허실 | 자객 형가는 대의명분을 내세우며 재촉하는 연나라 태자의 성화 때문에 완전한 준비를 갖추지 못한 채 진시황을 암살하려다가 비참한 죽음을 당하고 말았다. 그가 역수를 건너면서 부른 노래는 그와 같은 결과를 충분히 알 수 있을 정도로 비장했다. 형가의 비극은 고점리에게 이어진다.

진나라가 여섯 나라를 병합한 뒤 태자 단과 형가까지 불귀의 객이 되자, 고점리는 스스로 두 눈을 파고 장님이 되어 비파를 타면서 전국을 떠돌았다. 진시황이 그가 비파의 명인이라는 소문을 듣고 초청하자, 미리 비파 안에 납을 넣어 무겁게 한 다음 진시황 앞에서 연주하던 도중 불시에 공격했지만 실패하고 죽음을 당했다. 이들의 이야기는 의협의 전설이 되어

《사기史記》에 실렸다.

　이들의 죽음에는 어떤 의미가 있을까. 남은 것은 불가능한 목적, 물거품 같은 대의명분뿐이다. 사람들은 종종 이처럼 부질없는 목표를 향해 무모한 도전을 감행한다. 그것이 잘 마무리되면 좋겠지만 세상일은 뜻대로 되지 않는다. 능력의 이면에는 단련이란 과정이 필요하다. 달걀로 바위 치기는 결코 칭송받을 일이 아니다.

천하의 귀신들까지
내게 복속시키겠다
―송나라 강왕의 착각

교만하면 길조도 흉조가 된다

송나라 강왕 때 참새가 올빼미를 낳자, 왕은 천문관에게 점괘를 뽑아보라고 명했다. 천문관은 작은 새가 큰 새를 낳았으니 작은 송나라가 전국의 패자가 될 징조라고 보고했다. 이에 용기백배한 강왕은 제나라의 읍인 땅을 공격하여 빼앗고, 맹상군의 봉지인 설 땅을 점령했으며, 초나라의 영역인 회북 땅까지 탈취했다. 연이은 승리에 도취한 강왕은 하늘을 향해 활을 쏘기도 하고, 땅을 매질했으며, 사직의 제단을 헐거나 불 지르면서 소리쳤다.

"곧 천하의 귀신들까지 내게 복속시키겠다!"

천자가 된 것 같은 오만에 빠진 강왕은 나라의 원로와 충신들을 모욕했고, 차양이 없는 관을 만들어 용자다움을 과시했으며, 꼽추의 등을 해부하고, 아침에 강을 도보로 건너온 사람의 정강이를 절단하는 패악을 저질렀다. 그러자 군대의 사기는 땅에 떨어졌고, 송나라 백성은 앞다투어 나라를 떠났으며, 뜻있는 선비들도 몸을 감추었다.

얼마 후 제나라 대군이 국경을 넘어오자, 송나라 군대는 변변히 전투조차 못 한 채 지리멸렬 흩어졌다. 이때 강왕은 신하 예후의 저택에 피신했지만 곧 발각되어 비참하게 죽었다. 상서로운 징조를 보고 덕을 닦지 않으면 도리어 앙화를 당하는 법이다.

빤한 생각, 빤한 행동 | 승자는 예측 불가능한 행동을 한다. 패자는 언제나 빤한 행동을 한다. 승자는 눈에는 눈, 이에는 이라고 생각지 않는다. 그는 절제된 동작으로 공격자들에게서 자신을 보호한다. 패자는 언제나 받은 만큼 돌려준다. 그는 자신을 보호하기는커녕 상처를 받고도 달려든다.

승자는 움직이지 말아야 할 때를 잘 알아 상대에게 해를 끼치지 않고 위험한 상황에서 벗어난다. 패자는 언제나 성공에 목말라 빛을 향해 무모하게 뛰어들다가 마침내 자기 날개를 태운다. 여기 그와 같은 패자들을 위한 벨타사르 그라시안이모랄레스의 충고가 있다.

'잊어버릴 줄 알라. 잊을 줄 아는 것은 기술이라기보다 행복이다. 우리는 가장 잊어버려야 할 일을 가장 잘 기억한다. 기억은 우리가 그것을 가장 필요로 할 때 비열하게 우리를 떠날 뿐 아니라, 우리가 그것을 가장 원하지 않을 때 어리석게도 우리에게 다가온다. 기억은 우리를 고통스럽게 하는 일에는 늘 친절하며, 우리를 기쁘게 해줄 일에는 늘 태만하다.'

이제는 돌이킬 수 없습니다

―서자의 예언

백전백승의 비결

위나라의 태자 신이 제나라를 치기 위해 군대를 이끌고 송나라의 외황 땅을 지나갔다. 이때 유세객 서자가 태자를 찾아가 말했다.

"소신에게 백전백승의 비결이 있습니다."

"그것이 무엇인가?"

"태자께서는 지금 제나라를 공격하려고 합니다만, 싸움에 이겨 거픔 땅을 병합한다 해도 얻을 수 있는 것이라야 고작 위나라를 지켜냈다는 명분뿐입니다. 게다가 태자께서는 결코 군주 이상이 될 수 없습니다. 하지만 싸움에서 지면 더는 위나라를 지탱할 수 없습니다. 이것이 소신의 비결입니다."

무리한 싸움으로 국력을 낭비하면 손해를 보는 것은 위나라 쪽이라는 뜻이다. 서자의 말을 경청한 태자는 고개를 끄덕이며 결심했다.

"그렇군, 아무래도 이번 싸움은 무리다. 돌아가야겠다."

그러자 서자가 안타까운 표정으로 말했다.

"이제는 돌이킬 수 없습니다. 태자님의 진군에 편승해서 욕심을 채우려는 무리가 있을 것이기 때문입니다."

과연 태자가 전차를 타고 위나라로 돌아가려 하자, 채찍을 든 마부가 거칠게 항의했다.

"군대를 이끌고 나갔다가 아무 이유 없이 돌아가는 것은 싸움에 패하여 퇴각하는 것과 무엇이 다르겠습니까? 칼을 뽑았으면 무라도 베어야 합니다. 제나라 군대가 그렇게 두려우십니까?"

휘하 제장까지 일제히 그 말에 동조하자, 고립무원이 된 태자는 하는 수 없이 진군을 계속해야 했다. 위나라 군대는 제나라와 싸움에서 대패했고, 태자는 목숨을 잃었다. 그리고 얼마 지나지 않아 위나라는 멸망하고 말았다.

'아니오'라고 말하라 | 아무리 좋은 생각이 있어도 실천에 옮기지 못하면 무용지물이다. 사람들은 어떤 상황에 직면했을 때 자신에게 손해라고 생각되면 본능적으로 몸을 움츠린다. 반대로 자신에게 유익하다고 생각되면 곧 행동으로 옮긴다. 이것이 정답이지만 막상 기회가 왔을 때 만점을 받는 사람은 드물다. 우물쭈물하는 성격 때문에, 주변의 강요 때문에, 어설픈 체면 때문에 망설인 결과다. 그리하여 버스를 놓치고, 사랑을 놓치고, 사업을 놓치고, 정권을 놓친다.

자발적으로 실천하지 못하는 사람은 결코 성공에 이를 수 없다. 이 순간 당신은 행동해야 한다. 행동하는 사람은 발이 닳도록 뛰어다니면서도 웃음을 잃지 않는다. 그럼으로써 한없이 우울하던 나날이 문득 즐거운 나날로 바뀌는 것이다. 관찰하고 궁리만 하는 생각을 버려라. 성공은 그 생각을 실천하는 사람의 것이다.

서자는 백전백승의 비결인 후퇴를 권했지만, 위나라 태자는 그것의 효용을 알면서도 신하들의 고집 때문에 행하지 못했다. '후퇴한다'는 말 한마디를 내뱉지 못한 태자의 어리석음은 결국 한 나라를 멸망으로 이끌었고, 백성을 타국의 노예 신세로 만들었다.

검은 것을 검다 하고 흰 것을 희다고 하는 용기는 이처럼 쉽지 않다. 하지만 고통을 감내하면서 결단을 내리는 지도자야말로 진정한 지도자다. 범인들도 이런 상황에서 예외는 아니다. 직장에서든, 경기장에서든 무조건 '예'라고 말하며 복종하는 사람보다 '그게 아니다'라며 당당하게 손을 드는 사람이 필요하다.

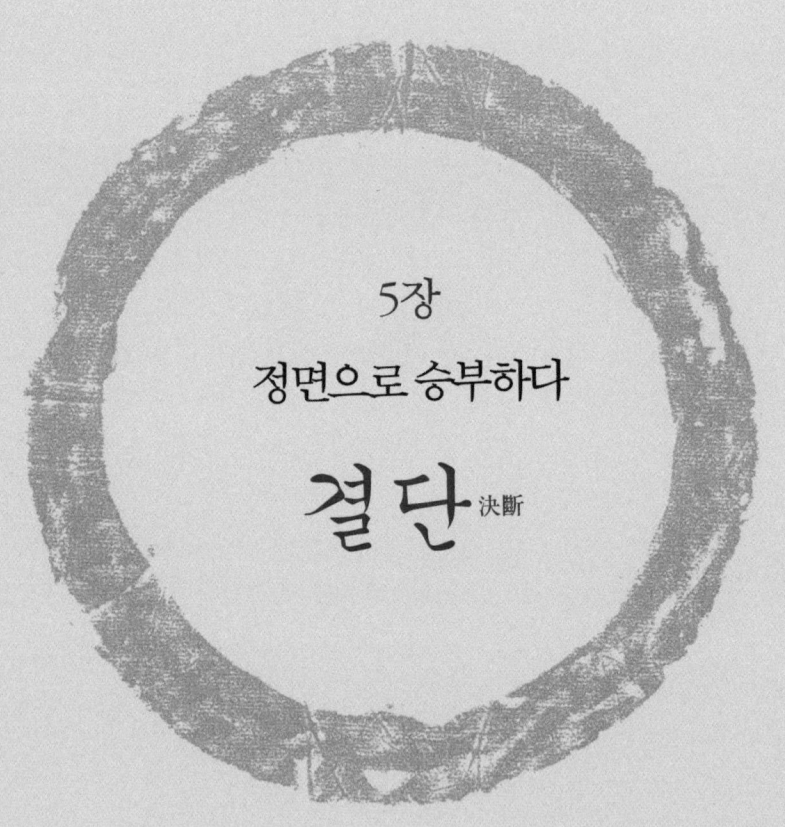

5장

정면으로 승부하다

결단 決斷

큰 시련은 큰 의무를 완수하게 만드는 과정이다.
E. 톰프슨 E. Thompson

쓴맛을 모르는 사람은 단맛도 모른다.
독일 속담

목표를 보는 자는 장애물을 겁내지 않는다.
한나 모어 Hannah More

행동으로 발전하지 않는 사상은 기형아고 속임수다.
자와할랄 네루 Jawaharlal Nehru

실패가 불가능한 것처럼 행동하라.
도로시아 브랜드 Dorothea Brande

하나의 모범은 천 마디 논쟁보다 가치 있다.
토머스 칼라일 Thomas Carlyle

대체 누구의 잘못입니까?

―범수의 정면 승부

세 사람이 합하면 호랑이가 된다

전국시대 말기에 진나라의 대군이 조(趙)나라의 도읍인 한단을 포위하고 장평에서 17개월 동안 맹공을 가했지만, 완강한 조나라 군대를 이기지 못했다. 지친 진나라 병사들은 사기가 땅에 떨어졌다. 이때 유세객 장의가 진나라 군의 지휘관 왕계를 찾아가 말했다.

"오랫동안 많은 군대를 동원하고도 승리하지 못하니 사방에서 장군을 원망하는 목소리가 높습니다. 상황이 이와 같은데 장군께서는 어찌하여 주육을 풀어 장병들의 노고를 위로하지 않습니까? 이런 때를 틈타 조정의 모리배가 장군을 음해할까 걱정입니다."

"걱정 마시오. 전하의 신임이 두터우니 나에게 참소 따위는 통하지 않소."

"다시 한 번 생각해보십시오. 부자 사이에도 반드시 행해지는 명령과 아무리 해도 행해지지 않는 명령이 있습니다. 가령 아버지가 아들에게 며느리와 이혼하고 애첩을 팔아버리라고 한다면 이것은 행해질 수 있는 명령입니다. 하지만 조금도 미련을 갖지 말라고 한다면 이것은 도무지 행해질 수 없는 명령이 됩니다. 아들은 마을의 노파에게서 '어느 날 밤 당신의 첩이 젊은 애인을 끌어들였단 말이야'라는 소문을 전해 듣고 몹시 화를 내며 아버지를 원망합니다. 그가 아내와 이혼하고 애첩을 팔아버린 것이 본심이 아니었기 때문입니다. 한편 소문을 퍼뜨리고 싶은 것은 뭇사람들의 성정이기 때문에 노파를 탓할 수도 없습니다."

"대체 그게 나와 무슨 관련이 있단 말이오?"

왕계가 시큰둥하게 받아들이자, 장의는 심각한 표정으로 대답했다.

"지금 장군께서는 전하의 신임과 사랑을 한 몸에 받지만, 부자 관계를 능가한다고 볼 수는 없습니다. 또 장병들은 아무리 신분과 성품이 비루하다 해도 마을의 노파에 비할 수 없겠지요. 옛말에 '세 사람이 합하면 호랑이가 되고, 열 사람이 합하면 망치라도 구부릴 수 있으며, 여러 사람의 입에 오르면 날개 없는 것도 날릴 수 있다'고 했습니다. 헛소문의 힘이 그러할진대, 어찌 장군이라 해서 안심할 수 있겠습니까. 지금이라도 장병들을 위무하여 그들의 불평불만을 잠재우십시오."

그러자 왕계는 코웃음을 치며 그를 군문 밖으로 쫓아냈다.

"당신의 말은 기우에 불과하오. 지금 내가 사사로이 군자금을 쓴다면 오히려 조정의 문책을 피할 수가 없소. 이는 재상 범수와도 협의한 일이니 무슨 문제가 생길 까닭이 없소. 어쨌든 내가 한단을 함락하면 될 것 아니오?"

책임 소재를 명확히 한다

그 후에도 장평에서 진나라와 조나라 군대의 대치 상태는 계속되었다. 전황이 교착 상태에 빠지면서 장병들의 불평불만은 늘어가고, 진나라 소양왕 역시 이렇다 할 전공이 보고되지 않자 몹시 답답해했다. 그 와중에 장의의 예언대로 조정 대신들 가운데 현지의 풍문을 근거로 지휘관 왕계와 부장 두지가 모반을 꾀한다고 참소하는 사람이 나타났다. 그들은 왕계를 후원하는 재상 범수까지 옭아매고자 했다. 때마침 범수와 가까운 정안평鄭安平이 조나라에 항복하면서 범수를 향한 그물이 옥죄어졌다.

범수는 일찍이 위나라의 중대부 수가須賈의 식객이었는데, 제나라에 사신으로 갔다가 양왕襄王에게 선물을 받고 매수되었다는 혐의로 혹독한 고문을 당하고 대나무 발에 싸여 뒷간에 버려졌다. 옥리를 매수해 탈출에 성공한 그는 때마침 위나라에 와 있던 진나라 사신 왕계의 도움으로 진나라에 들어가 소양왕에게 원교근공책遠交近攻策을 진언함으로써 신임을 얻고 재상이 된 인물이다.

한단 공략이 지지부진한데다 모반설이 불거지자, 대노한 소양왕은 즉시 왕계와 두지를 소환해 사형에 처했다. 왕계는 자신의 무죄를 극력 변명했지만 아무 소용이 없었다. 소양왕은 왕계와 내통한 죄를 물어 재상 범수까지 사형에 처하려 했다. 하지만 범수는 조금도 두려워하는 기색 없이 항변했다.

"전하, 저는 변방 출신으로 위나라에서 미움을 받아 진나라에 들어온 뒤 이렇다 할 제후의 후원이나 친교조차 없었습니다. 그런데도 전하께서는 떠돌이인 저를 등용하여 오늘의 자리에 있도록 하셨습니다. 세상에 제 신상은 물론이고 전하께서 베풀어주신 은혜를 모르는 이가 없습니다. 오늘 저는 어리석게도 죄인과 동조하여 전하께 참형을 받기에 이르렀습니다. 하지만 이는 저를 등용하신 전하의 잘못을 천하에 폭로하는 것이나 다름없으니, 바야흐로 제후들의 비판을 피하지 못할 것입니다. 재상인 제 결정은 곧 전하의 결정이며, 재상인 제 책임은 곧 전하의 책임이 아닙니까? 원컨대 제게 죽음을 내려주십시오. 그리고 특별한 은총을 베풀어 재상의 대우에 걸맞은 장례식을 치러주십시오. 그러면 전하께서는 충신을 벌하는 데 실수가 없고, 재상을 잘못 등용했다는 평판도 잠재울 수 있을 것입니다."

범수는 겉으로 소양왕의 입장을 옹호하면서 실제로는 그를 자신의 혐의에 끌어들였다. 자신에게 잘못이 있다면 자신을 등용한 소양왕에게도 잘못이 있다는 것이다. 전제 왕조에서 신하의 죄는 벌할 수 있지만, 군주의 죄는 벌할 수 없다. 그러므로 군주의 죄를 벌하지 못하면 그와 관련된 신하의 죄 역시 벌할 수 없는 것이다.

범수는 그처럼 교묘한 화술로 위기를 극복했다. 장의의 헌책을 무시하고 억울하게 죽음을 당한 왕계와 비교되는 대목이다. 범수의 당당한 논리에 한마디도 대응하지 못한 소양왕은 즉시 그를 풀어주고 자신의 잘못을 사과했다.

변명은 독이다 | 최근 우리나라의 한 정치인이 말실수에 당혹한 나머지 수첩에 '말조심'이라고 써 붙이면서까지 자신을 경계했지만, 습관이 된 언행을 고치지 못해 뭇사람들에게 조소를 받았다. 당신이라면 뜻하지 않은 말실수로 손가락질 받을 때 어떻게 행동하겠는가?

가장 현명한 방법은 변명하지 않는 것이다. 당당하게 자신의 진의를 천명하고 입을 다물라. 그렇지 않으면 공격자들은 당신의 변명에 살을 붙이고 뼈를 더하여 더욱 끔찍한 형상으로 포장할 것이다. 러스킨의 충고를 명심하기 바란다.

"자신에 대하여 좋게도, 나쁘게도 말하지 마라. 좋게 말한다 해도 남들이 믿어주지 않을 것이다. 또 나쁘게 말하면 남들은 그대가 말한 이상으로 나쁘게 생각할 것이다. 가장 좋은 방법은 자신에 대해 아무 말도 하지 않는 것이다."

나를 돌려보내십시오
— 경리의 단도직입

작은 이익 때문에 큰 손해를 자초하지 마라

초나라의 항양왕이 신하 경리를 진나라에 사신으로 보내자, 한 신하가 진나라 소양왕을 꼬드겼다.

"경리는 초나라 왕이 매우 총애하는 인물입니다. 그를 억류했다가 풀어주는 대가로 땅을 요구하면 군대를 동원하지 않고도 큰 이익을 취할 수 있습니다."

"초나라 왕이 수락하지 않는다면 어찌하는가?"

"경리를 죽이고 대신 그보다 못한 사람을 초나라에 보내면 됩니다. 어떻게 해도 손해 볼 일이 아닙니다."

그 말에 귀가 솔깃해진 소양왕이 경리를 진나라 밖으로 나가지 못하도록 명한 다음 초나라에 사람을 보내 땅을 내놓으라고 협박했다. 뒤늦게 그 사실을 안 경리는 소양왕을 찾아가 안타까운 표정으로 말했다.

"이번 일로 전하께서는 천하 제후들에게 경멸당할 처지가 되었습니다. 뿐만 아니라 저와 같이 미욱한 사람을 인질로 삼아서는 초나라의 땅을 한 뼘도 얻지 못할 것입니다. 어느 신하의 간계에 넘어가셨는지 모르지만, 이제 진나라는 누란의 위기를 맞았습니다."

"어째서 그러한가?"

"제가 사신으로 진나라 땅에 들어왔을 때 제나라와 위나라에서는 초나라가 영토를 쪼개 진나라에 바치려 한다는 사실을 알고 있었습니다. 진나라와 초나라는 형제국이기 때문입니다. 그런데 전하께서 오늘 저를 억류했으니 천하 제후들에게 진나라와 초나라가 동맹 관계가 아니라는 증거를 명백하게 보여주고 말았습니다. 그렇다면 두 나라가 고립된 진나라를 내버려둘 리 없습니다. 게다가 초나라는 저로 인해 원한을 품었는데, 때마침 진나라가 고립무원이라는 것을 알면 땅을 바치기는커녕 주변국과 함께 힘을 모아 국경을 넘어오려 할 테니 진나라가 어찌 위태롭지 않겠습니까?"

"그대의 말을 들으니 내가 크게 잘못 생각했네."

소양왕이 후회하는 표정을 짓자 경리는 단호하게 채찍을 휘둘렀다.

"물론 오늘의 일은 전하의 본심이 아니리라 믿습니다. 엎지른 물을 주워 담을 수는 없지만, 사람의 일이니 어찌 번복할 수 없겠습니까. 저를 진나라에 억류토록 부추긴 자를 벌하고, 소신을 초나라로 무사히 돌려보내시면 앞으로 양국의 우의는 계속될 것입니다."

그러자 소양왕은 성대한 잔치를 벌여 경리를 위로하고 돌려보낸 다음 자신을 부추긴 신하를 조정에서 쫓아버렸다.

눈앞의 이익은 가시와 같다 | 경리는 자신을 미끼로 이득을 취하려는 진나라 왕에게 천하대세를 근거로 역습을 가했다. 눈앞의 이익은 가시와도 같은 법, 그는 작은 이익을 탐하면 더 큰 손해가 생긴다는 점을 상대에게 일깨워 위기에서 벗어난 것이다.

'안방에 가면 시어머니 말이 옳고, 부엌에 가면 며느리 말이 옳다'는 속담이 있다. 한쪽 손을 들어주기에는 입장이 곤란할 때 사정이 허락하는 한 객관적인 입장을 견지하라는 뜻이다. 우리 역시 예상치 않은 위험에 직면할 때가 있다. 해답은 안에 있다. 침착하게 안팎을 살펴 이치에 따른다면 호랑이 굴에 들어가도 살아 돌아올 수 있다. 욕심에는 징벌이 따르고, 이익에는 대가가 따르는 법이다. 여기에 걸맞은 도가의 스승 노자의 가르침이 있다.

"물같이 행동하라. 어떤 장애물이 앞길을 막아도 물은 거침없이 흐른다. 둑을 만나면 물은 잠시 흐름을 멈춘다. 그러나 곧 둑을 헤치고 나아간다. 물은 둥근 그릇에나 모난 그릇에나 모두 따를 수 있다. 그러므로 물은 무엇보다 융통성이 있으며, 자유로운 가운데서도 강력한 힘이 있다."

제가 갈 곳이 어디겠습니까?
— 장의와 진진의 대결 1

증거는 집 밖에 있다
장의가 경쟁자인 재상 진진陳軫을 축출하기 위해 진나라 혜문왕에게 그를 헐뜯었다.

"진진은 최근 초나라와 친선을 도모한다는 핑계로 양국을 분주히 왕래하지만, 사실 초나라는 진나라에 조금도 호의적이지 않으며 진진 개인과 친분을 다질 뿐입니다. 진진은 그동안 자신을 위해 바빴을 뿐, 진나라를 위해 한 일은 하나도 없습니다. 더군다나 세간의 풍문에 따르면 진진은 내심 초나라에서 일하고 싶어한다고 합니다."

그러자 혜문왕은 진진을 소환해 굳은 표정으로 물었다.

"그대가 진나라를 버리고 초나라로 간다는 말이 사실인가?"

"그렇습니다."

"장의의 말이 사실이군."

혜문왕이 실망스런 표정을 짓자, 진진은 자세를 바로 하고 말했다.

"전하, 그런 소문은 장의뿐만 아니라 세상 사람 모두 알고 있습니다. 옛말에 '은나라 고종의 아들 효기는 대단한 효자여서 세상 사람들이 모두 그와 같은 사람을 아들로 삼고 싶어했고, 오나라의 자서는 충성심이 뛰어나 천하의 군주들이 모두 그를 신하로 삼고 싶어한다'고 했습니다. 또 주인이 집안의 머슴과 여종을 팔 때 좁은 마을 안에서 팔리면 그들이 선량했다는 증거가 되고, 쫓겨난 부인이 한 마을에서 재혼하면 그 또한 선량하다고 했습니다. 제가 전하께 충성스런 신하가 아니라면 초나라가 무엇을 믿고 저를 받아들이겠습니까? 안타깝게도 저는 지금 전하께 충성하면서도 버림받을 처지에 놓였습니다. 그렇다면 제가 갈 곳이 과연 어디겠습니까?"

"듣고 보니 그대의 말이 옳다."

혜문왕은 진진의 사리 분명한 답변을 들은 뒤 그를 더욱 신임했다.

얌전하게 말한다 | 경쟁자를 이기기 위한 작전은 매우 은밀하면서도 광범위하게 펼쳐진다. 장의가 혜문왕에게 진진에 대한 세간의 풍문을 전한 것은 의심을 증폭하기 위한 고도의 술책이다. 하지만 진진은 혜문왕이 이해하기 쉬운 말로 풍문이 헛소문임을 밝힌 다음 군주에 대한 충성심이 변치 않았음을 증명했다. 그로 인해 혜문왕이 그를 더욱더 신임했으니 장의의 의도는 수포로 돌아갔다.

진진이 자신을 중상한 장의를 공격하고 혜문왕을 힐난했다면 그는 신의 없는 인간으로 낙인찍혔을 뿐만 아니라, 사람들에게 비웃음을 받았을 것이다. 하지만 그는 침착하게 위기를 극복했다. 이처럼 진진은 진나라를 섬겼지만, 훗날 군주가 간신들의 농간에 휘둘리자 초나라로 가서 재상의 자리까지 올랐다.

'논쟁을 하려면 말투는 얌전하되 논지는 확실하게 전달해야 하며, 상대방을 노하게 하지 말라'는 윌킨스의 금언을 되새겨보라. 논쟁의 목적은 상대를 화나게 하는 것이 아니라 설득하는 데 있음을 명심하라.

비틀거리는 여자는
아내감이 아니다

—장의와 진진의 대결 2

충신과 열녀는 세상이 알아준다

진진이 한동안 초나라에 머물다가 진나라로 돌아오자, 장의는 다시 혜문왕에게 그를 헐뜯었다.

"진진은 전하의 신하인데도 공공연히 진나라의 정보를 초나라에 제공하고 있습니다. 소신은 그런 인물과 함께 정무를 볼 생각이 없습니다. 하지만 세상의 이목이 있으니 우선 진진을 추방한 다음 그가 초나라로 돌아가면 자객을 보내 죽이십시오."

"진진이 어찌 초나라로 돌아갈 마음을 품겠소? 절대 그런 일은 없을 것이오."

혜문왕은 고개를 저으며 믿을 수 없다는 표정을 지었다. 장의가 돌아간 뒤 왕은 은밀히 진진을 불러 물었다.

"내가 그대를 추방한다면 어느 나라로 가려는가?"

이에 진진은 망설이지 않고 대답했다.

"초나라로 가겠습니다."

"과연 장의의 말대로군. 그대는 어찌하여 초나라로 가려 하는가?"

"제가 진나라를 떠나면 과연 전하와 장의의 계책에 따라 초나라에서 채용되는지 살펴, 그동안 제게 사심이 있었는지 밝히고자 합니다."

"그것을 어떻게 알 수 있단 말인가?"

"옛날에 두 아내를 거느린 사람이 있었습니다. 어느 사람이 그중에 연상의 부인을 유혹하려 하니 그녀는 심하게 꾸짖어 내쫓았습니다. 하지만 연하의 부인을 유혹하니 그녀는 비틀거렸습니다. 얼마 못 가 남편이 죽자 한 유세객이 유혹한 사람에게 물었습니다. '당신의 아내를 고른다면 연상과 연하 중에 어느 쪽을 택하겠는가?' 그 사람은 이렇게 말했습니다. '당연히 연상이 좋네.' '이상하군. 연상의 여자는 당신을 꾸짖어 내쫓았고, 연하의 여자는 당신을 따르지 않았는가.' '남의 아내라면 내게 유혹당하는 편이 좋지만, 내 아내라면 절개를 지키고 꾸짖는 편이 좋네.'

지금 초나라의 회왕은 영특한 군주며, 재상 소양은 현명한 사람입니다. 제가 장의의 말대로 전하의 신하면서 진나라의 정보를 초나라에 제공했다면, 그들은 결코 저를 믿지 않을 것입니다. 이치가 이와 같으니 제가 초나라에 가서 등용이 되는지 안 되는지 전하께 똑똑히 보여드리려는 것입니다."

진진이 이렇게 말하고 물러나자, 다시 장의가 들어와 혜문왕에게 물었다.

"진진이 어디로 가겠다고 합니까?"

"진진은 천하의 재변가다. 나의 얼굴을 쳐다보며 당당히 초나라로 가겠다고 말하더군. 그렇지만 나는 어찌할 방법이 없었네. 그것은 장의의 생각대로 움직이는 것이라고 말하자, 그는 초나라에서 채용되는지 살펴 그동안 자신에게 사심이 있었는지 밝히고자 한다고 대답했네. 자신이 나의 신하면서 진나라의 정보를 초나라에 제공했다면 초나라의 회왕과 소양이 믿지 않을 것이라며 나를 비웃기까지 했네. 그런 사람을 의심한 내가 참으로 한심하다네."

그렇듯 혜문왕이 충신을 의심한 자신을 책망하자, 장의는 더 이상 진진을 모함할 수 없었다.

사람의 마음은 어둠과 같다

진진은 장의의 모략에 바른 이치로 대응하여 혜문왕의 의심을 걷어낼 수 있었다. 말은 또 다른 말을 만들고, 의심은 또 다른 의심을 만든다. 때문에 진진은 다가온 위기를 조기에 정공법으로 극복해 자신의 입지를 다졌다. 고대 그리스의 철학자 에픽테토스는 말에 대한 섣부른 판단에 다음과 같이 충고한다.

"다른 사람의 말만 믿고 어느 사람의 일과 행위를 판단할 수는 없다. 반대로 그 사람의 태도나 행위만으로 그가 무엇 때문에 그런 일을 하며, 무슨 생각을 하는지, 어떤 감정인지 헤아릴 수 없다. 비록 내가 어느 사람이 아침부터 밤까지 쉬지 않고 책을 읽고 글을 쓰고 밤새도록 자지 않고 일하는 모습을 보더라도, 그가 마지못해 그 일을 하는지 혹은 즐거운 마음으로 기꺼이 그 일에 매달리는지 단정적으로 말할 수 없다. 그가 무엇 때문에 그런 일을 하는지 알지 못하는 이상 함부로 말할 수 없는 것이다.

어느 사람이 밤새도록 창녀와 음탕한 짓을 했다면 아무도 그가 다른 사람들을 위해 일했다고 말할 수 없다. 의롭지 못한 목적을 위해, 예컨대 돈과 명예를 위해 하는 일만 더러운 것이 아니다. 아름답게 보이는 행위도 더러운 목적을 숨기는 경우가 있다. 더러운 목적을 위한 것이라면 사람이 아무리 쉬지 않고 일해도 다른 사람들에게 이익을 주기 위해 일한다고 할 수 없다.

어느 사람이 자기 영혼을 위해 일하고, 다른 사람을 해롭게 하지 않으면서 일하기를 즐긴다면 그는 존경받아 마땅하다. 그러나 사람의 마음은 어둠과 같은 것이다. 자신만이 아는 내면의 각성을 우리가 어떻게 짐작할 수 있겠는가. 우리는 타인을 판단할 능력이 없다. 누구나 다른 사람을 비방하거나 멋대로 평가할 수 없다는 말이다."

그대는 입을 다물라
―장의와 진진의 대결 3

일거삼득의 유혹

제나라가 초나라와 함께 군대를 동원하여 진나라의 곡옥曲沃 땅을 빼앗았다. 이에 앙심을 품은 진나라 혜문왕은 제나라를 치려고 했지만, 배후에 있는 초나라 때문에 함부로 군사를 일으키지 못하고 재상 장의에게 물었다.

"지금 우리가 제나라를 치려 하는데, 초나라와 우의가 두터우니 저들의 동맹을 깨뜨릴 묘책이 없겠는가?"

"어찌 방법이 없겠습니까? 제가 반드시 성사해 보이겠습니다."

장의는 곧 남쪽에 있는 초나라의 회왕懷王을 찾아가 회유했다.

"우리 대왕께서는 일찍부터 전하께 깊은 호의가 있으며, 저 또한 천하에 주군으로 모실 분은 전하밖에 없다고 생각했습니다. 그렇지만 우리 대왕께서는 제나라의 선왕宣王을 미워하시고, 저 또한 그분 밑에서는 일하고 싶지 않습니다. 진나라의 입장에서 볼 때 제나라 왕의 죄상은 이루 형언할 수 없습니다. 때문에 우리는 언제라도 응징할 준비가 되어 있습니다만, 초나라가 제나라와 우의가 두터워 우리 대왕께서 망설이실 뿐 아니라, 저 또한 전하를 위해 일할 수 없으니 안타까울 따름입니다.”

"그래서 그대가 원하는 것이 무엇인가?”

회왕은 장의의 사탕발림에 의심의 눈초리를 거두지 않았다. 그러자 장의는 준비한 미끼를 내밀었다.

"바라옵건대 전하께서 제나라와 초나라의 통로인 방성산의 관문을 닫고 결연히 그들과 단교해주신다면 소신은 우리 대왕께 진언하여 상어商於의 땅 사방 600리를 헌상토록 하겠습니다. 그러면 북쪽에 있는 제나라는 사정이 궁핍해져 더욱 전하께 의지할 것이고, 서쪽에 있는 진나라에 은혜를 베풀었다는 명분뿐만 아니라 국토를 넓히는 실리까지 얻을 것입니다. 초나라로서는 일거삼득이 아니겠습니까?”

"오오, 진정으로 그 땅을 내놓겠다는 말인가?”

"이를 말씀이겠습니까?”

회왕은 그가 내민 유혹을 거절할 수 없었다. 그는 즉시 장의의 제안을 수락하고 신하들에게 자랑했다.

"나는 상어의 땅 600리를 얻었다.”

신하들은 앞다투어 칭송을 늘어놓았지만 진진이 우울한 표정을 짓자, 회왕이 실망스런 기색으로 물었다.

"나는 초나라의 군사를 한 명도 잃지 않고 드넓은 땅을 거저 얻었다. 그런데 어찌하여 걱정스런 표정을 짓는가?”

그러자 진진은 어두운 안색을 풀지 않고 대답했다.

"제가 보기에 초나라는 상어의 땅은커녕 우환만 얻은 듯합니다. 그러니 신은 울고 싶을 지경입니다."

"그 말이 대체 무슨 뜻인가?"

"전하, 장의의 간교한 말에 속아 넘어가선 안 됩니다. 지금 진나라가 전하를 두려워하는 이유는 제나라와 가까이 지내기 때문입니다. 우리가 제나라와 교분을 끊으면 그 힘이 절반으로 줄어드는데, 진나라가 어찌 우리를 두려워하겠습니까? 더구나 진나라는 우리가 제나라와 단교하기 전에 결코 땅을 내주지 않을 것입니다. 결론적으로 우리가 먼저 단교한 뒤 땅을 요구하면 장의는 들어주지 않을 것이요, 그 때문에 전하께서는 커다란 곤경에 처하고 맙니다. 이제 초나라는 서쪽으로 진나라가 우환거리로 등장하고, 북쪽으로 제나라와 틀어지는 형국이 되었습니다. 이렇게 되면 거꾸로 진나라와 제나라가 합세하여 우리를 공격할 것은 뻔하지 않겠습니까?"

"걱정도 팔자로다. 나는 장의의 말을 믿는다. 그대는 그만 입을 다물고 오늘의 일이 어떻게 되어가는지 지켜보라."

회왕은 진진의 우려에도 제나라에 사신을 보내 국교를 단절했다.

적의 말을 믿다니

장의가 초나라 회왕을 설득하고 돌아오자, 진나라는 은밀히 제나라에 사절을 보내 국교를 맺었다. 얼마 후 초나라가 약속한 땅을 받기 위해 진나라에 사신을 보냈지만, 장의는 병을 핑계로 만나주지 않았다. 이에 회왕은 장의가 아직 우리가 제나라와 단교하지 않은 줄 아는 모양이라며 재차 사신을 보내 파기한 문서를 보여주었다. 그러자 장의는 초나라 사신을 접견한 다음 이렇게 선언했다.

"우리가 귀국에 드릴 땅은 모처에 있는 사방 6리입니다."

사신이 깜짝 놀라 물었다.

"나는 우리 전하께 상어의 땅 사방 600리를 받는다고 들었습니다. 그런데 사방 6리라니 무슨 말씀입니까?"

그의 추궁에 장의는 비로소 본색을 드러냈다.

"초나라 왕은 본래 근본이 미천한데, 어떻게 600리가 넘는 땅을 다스릴 수 있겠소?"

사신이 돌아가 자초지종을 고하자, 회왕은 크게 노하여 진나라를 공격하고자 했다. 그러자 진진이 간했다.

"흥분해서는 안 됩니다. 지금은 진나라를 칠 때가 아니라, 좋은 땅을 골라 선물하고 회유하여 함께 제나라를 쳐야 할 때입니다. 전하께서 잃어버린 땅은 제나라에서 돌려받으십시오. 그러면 우리는 아무런 손해가 없습니다. 어찌하여 제나라와 단교하여 속인 책임을 진나라의 탓으로 돌리려 하십니까? 우리가 섣불리 움직이면 진나라와 제나라는 더욱 굳게 결합할 테고, 이는 명백하게 우리의 손해입니다."

화가 머리끝까지 치민 회왕은 진진의 조언을 듣지 않고 즉시 군대를 일으켜 진나라를 공격했다. 진나라는 기다렸다는 듯 제나라와 한나라 군대를 끌어들여 대응했다. 그렇게 벌어진 두릉杜陵 전투에서 참패한 초나라는 많은 영토를 잃고 거의 망한 꼴이 되었다. 이는 회왕이 모사를 자기 신하인 진진에게 맡기지 않고 적의 재상인 장의에게 기댔기 때문이다.

듣는 귀가 우선이다 | 초나라 회왕은 장의에게 농락당한 분노를 참지 못했다가 더 큰 재앙을 맞았다. 적군의 달콤한 말에 미혹되어 아군의 현명한 의견을 무시하면 돌아오는 것은 쓰디쓴 패배뿐이다. 사람들은 회왕과 마찬가지로 늘 자신을 생각한다. 고통스런 당신의 상황에는 그다지 관심이 없다. 소말리아에서 수십만 명이 기아에 시달려도 사람들은 아침 한 끼 굶은 자신을 더 가엾게 생각한다. 그들을 바꾸려 하지 마라. 지금 바뀌어야 할 사람은 바로 당신이다.

경청은 상대방에게 신뢰감을 주고, 대응하는 자신의 말에 관심을 기울이도록 하는 효과가 있다. 또 상대방의 내심을 파악함으로써 자신의 견해를 좀더 무장할 수 있게 해준다. 어떤 칭찬의 말에도 동요하지 않는 사람이 자신의 이야기에 마음을 빼앗기는 상대방에게는 마음이 흔들리는 법이다. 경험 많은 사람이 현명한 것처럼, 많이 듣는 사람이 말을 잘하는 것처럼 보이는 것은 바로 그 때문이다.

땅덩어리가 크면 말썽도 많은 법입니다
―장의와 감무의 대결

지금 주느냐, 나중에 주느냐

장의가 한중漢中을 초나라에게 넘겨주기 위해 진나라 왕을 설득했다.

"진나라가 한중을 차지하는 것은 좋지 않습니다. 나무는 아무 데나 심으면 반드시 인간을 상하게 하고, 집안에 깨끗하지 못한 재산이 있으면 가문이 상하게 마련입니다. 한중은 남쪽으로 치우쳐 차라리 초나라에 적합합니다. 이는 곧 그 땅이 진나라에 해가 된다는 뜻입니다."

그 소식을 전해 들은 재상 감무가 급히 왕에게 나아가 진언했다.

"땅덩어리가 크면 자연히 말썽도 늘어나는 법입니다. 전하께서는 유사시에 한중을 미끼로 초나라와 화친을 맺으십시오. 그러면 초나라는 반드시 전하의 편에 설 것입니다. 지금 한중을 초나라에 준다면 훗날 전하는 무엇으로 초나라의 환심을 사시겠습니까?"

진나라 왕은 감무의 뜻에 따랐다.

어느 카드를 꺼낼까 | 《전국책》에서는 장의와 소진, 감무 등 내로라하는 변설가들의 대결이 자주 펼쳐진다. 〈진책秦策〉에 나오는 이 일화는 과거 초나라에 재상으로 있다가 화씨지벽和氏之璧을 잃어버린 혐의를 쓰고 태장을 맞은 끝에 쫓겨난 장의가 그들의 방심을 유도하기 위해 한중 땅을 내어주라고 진나라 왕을 설득했지만, 재상 감무의 제지로 뜻을 이루지 못하는 대목이다.

당시 감무는 '최후의 카드'를 강조함으로써 '버리는 카드'를 주장한 장의의 의도를 분쇄했다. 중대한 결심을 하는 상황에 직면했을 때 우리는 어느 카드를 내놓을까? 그 판단에 따라 내일의 판도가 달라진다.

나는 그 사람에게 아무런 원한이 없습니다
―서수와 장의의 꼼수

여우와 너구리

위나라의 장수 서수가 군대를 이끌고 제나라의 승광 땅을 공격했다가 패배하고 말았다. 그러자 장의가 위나라 왕에게 그를 참소했다.

"서수가 제 말을 듣지 않고 고집 부리더니 싸움에 져서 나라를 위태롭게 했습니다."

그러자 위나라 왕은 서수를 조정에서 내쫓고, 장의를 재상으로 삼았다. 위나라에서 실권을 쥔 장의는 진나라와 위나라를 배경으로 제나라에 가서 자신이 목적하는 연횡의 친교를 맺으려고 했다. 앞의 일로 장의에게 앙심을 품은 서수는 그 일을 훼방 놓기 위해 연나라의 위군을 찾아가 애원했다.

"나는 장의에게 아무런 원한이 없습니다. 나라를 다스리는 데 사소한 의견 충돌이 있었을 뿐입니다. 그러나 현재 우리 사이가 좀 불편하니 화해하게 도와주십시오."

위군이 서수의 뜻을 전하자 장의는 쾌히 응낙했다. 서수는 장의와 위군이 정좌한 자리에 무릎걸음으로 나아가 '천세千歲'를 외치며 극진히 하례했다. 이튿날 그가 출발할 때는 제나라 국경까지 전송했다. 그 소문을 들은 제나라 왕이 장의를 보자마자 벌컥 화를 냈다.

"서수야말로 나의 원수인데 그자와 친분을 맺다니 용서할 수 없다. 두 사람이 짜고 우리나라를 진나라에 팔아먹을 심산이 아닌가?"

제왕이 분개하자 장의는 허둥지둥 제나라에서 도망칠 수밖에 없었다. 너구리 같은 서수가 여우 같은 장의를 골탕 먹인 것이다.

타개의 기술 | '내가 나에게 가해지는 공격에 대해 변명하려 한다면 이 사무실 문을 닫고 뭔가 다른 일을 시작하는 게 좋을 것이다. 나는 내가 아는 가장 좋은 방법으로 내가 이룩하려는 것에 최선을 다하고 있다. 그것을 최후까지 할 결심이다. 최후의 결과가 좋다면 나에 대한 악평은 아무런 문제가 아니다. 최후의 결과가 좋지 않다면 천사 열 명이 내가 올바른 일을 했다고 증언해도 아무런 효과가 없을 것이다.'

남북전쟁 당시 자신에게 던져진 극렬한 비난을 극복한 미국의 링컨 대통령이 남긴 위기 타개법이다. 사람들이 위기에 처했을 때 살아남는 방법은 여러 가지가 있다. 간곡한 설득, 변명, 자백, 도피 등이 바로 그것이다. 하지만 최선의 방법이 무엇인지는 자신만 안다. 여기 자신에게 내재된 능력을 십분 발휘하여 위기에서 벗어난 유럽의 우화가 있다.

예언자의 시대는 지나갔지만 속아 넘어가는 사람의 시대는 결코 사라지지 않았다. 프랑스의 국왕 루이 11세는 불길한 예언을 하여 백성을 미혹시킨다는 이유로 예언자들을 붙잡아 사형에 처하기로 했다. 드디어 한 사람이 잡혀왔다. 국왕이 그에게 물었다.

"네가 다른 사람의 운명을 잘 맞히는 모양인데, 너 자신의 운수는 아느냐? 너는 앞으로 몇 년이나 더 살 거라고 생각하느냐?"

예언자는 잠시 생각하더니 대답했다.

"제 운명에 대해서는 아직 생각해본 적이 없습니다. 다만 프랑스의 국왕이신 폐하께서 돌아가시기 사흘 전에 제가 죽는다는 사실은 잘 알고 있습니다."

그 말을 들은 루이 11세는 감히 그를 처형할 수 없었다.

나는 결심했다
―진나라 소양왕의 선택

몸이 편한 쪽으로

제·한·위 세 나라가 동맹을 맺고 진나라를 공격하여 승승장구 함곡관 가까이까지 진격해 들어왔다. 그러자 진나라 소양왕이 재상 누완에게 물었다.

"세 나라의 군대가 우리 영토 깊이 쳐들어왔다. 나는 그들에게 하동 땅을 나누어주고 강화를 꾀하려는데, 그대의 생각은 어떠한가?"

"하동 땅을 쪼개주는 것은 큰 손해지만, 국난에서 벗어나는 것은 더 큰 이익입니다. 하지만 이것은 함부로 결정할 일이 아닙니다. 원로인 공자지公子池와 함께 상의해보십시오."

소양왕이 공자지를 불러 당면한 위기 타개책을 묻자, 그가 이렇게 대답했다.

"이번 일은 강화를 해도 후회하고, 안 해도 후회할 사안입니다. 전하께서는 하동 땅을 미끼로 강화를 성사시키면 세 나라가 철수한 다음 이렇게 후회하실 겁니다. '아깝다. 그들이 철수하려는 참에 세 개의 성을 거저 주었으니 말이다.' 반대로 강화를 하지 않으면 세 나라의 군대가 함곡관을 통과하여 우리의 도읍 함양성까지 위태로워질 것입니다. 그러면 전하께서는 '아깝다. 성 세 개가 아까워서 강화를 하지 않았으니 말이다'라고 후회할 것입니다."

그러자 소양왕이 웃으며 말했다.

"이래저래 후회할 바에는 차라리 성 몇 개를 잃어버리는 편이 낫겠다. 도읍을 위태롭게 한 다음 후회하는 일은 없어야 하지 않겠는가. 나는 결심했다."

마음을 정한 소양왕은 즉시 공자지를 보내 강화를 성사시켰고, 큰 손실 없이 성을 하나씩 얻은 세 나라는 만족하여 군대를 물렸다.

현명한 선택 | 공자지와 소양왕의 대화는 거문고의 천재 백아와 종자기의 관계처럼 끈끈하고 깊은 신뢰가 배어 있다. 상대가 선택할 수 있도록 하는 친절한 설득, 그 말을 듣고 무엇이 최선인지 판단하는 경청의 어우러짐이야말로 대화의 교범을 보는 듯하다. 선혈이 낭자한 전국시대의 혼란기에 진나라가 우뚝 선 것은 공자지 같은 현인과 소양왕처럼 잘 듣는 지도자가 있었기 때문이다. 그들의 결단을 보고 우리가 음미해야 할 점은 무엇인가. 수피의 잠언에 해답이 있다.

'남의 말을 들을 때는 주의를 기울여라. 말은 적게 할수록 좋다. 그대에게 묻지 않은 말에는 절대로 대답하지 마라. 묻는 사람이 있거든 되도록 간단하게 대답하라. 모르는 것을 부끄럽게 생각할 필요는 없다. 다투기 위해 다투지 마라. 자만을 피하라. 분수에 넘치는 지위를 탐내지 마라. 설령 그런 자리가 굴러 들어오더라도 지나치게 공손한 태도를 취하지 마라. 이는 다른 사람도 그대 앞에서 공손해지기를 강요하는 것이기 때문이다. 그러면 서로 불쾌할 뿐이다. 그대의 할 일을 못 하면서까지 남을 도우려고 하지 마라. 그런 습관은 상대방을 우상으로 섬기기 쉽다.'

자칫하면 후회할 시간조차 없습니다

―소연의 최후통첩

진퇴양난進退兩難

바야흐로 진나라의 무력이 극성에 이르자, 위협을 느낀 위나라에서는 신하 누오를 파견하여 진나라와 맹약을 체결하도록 했다. 양국의 약조에 따라 위나라의 태자 공자정이 진나라에 인질로 가야 할 처지가 되었다. 그러자 위나라 신하 분강이 이 맹약을 깰 목적으로 태후에게 달려갔다.

"국가 간의 외교는 이해관계에 따라 움직이게 마련입니다. 우리가 장차 진나라를 격파하는 것이 목표라면 오늘의 맹약은 불필요합니다. 그런데도 오늘 맹약을 이유로 태자를 그들에게 보낸다면 훗날 반드시 한 줌 흙이 되어 돌아올 것입니다."

태자를 지극히 사랑한 태후는 그 말을 듣고 슬픔에 잠겼다. 그러자 위나라 왕은 모친의 근심과 자식의 안전을 들어 진나라로 향하던 태자를 산조 땅에서 더 나아가지 못하게 했다. 그 소식을 전해 들은 누오는 주나라의 신하 소연에게 중재를 부탁했다. 위나라에 다다른 소연이 왕을 만나 이렇게 말했다.

"이곳에 오는 도중 진나라가 위나라를 치려고 한다는 소문을 들었습니다."

"그게 무슨 말이오? 양국은 날짜까지 정해 맹약을 맺었는데……."

위나라 왕의 대답에 소연은 쓴웃음을 지으며 진언했다.

"전하, 지금 태자를 산조 땅에 머무르게 하고 진나라에 보내지 않으니 그쪽에서는 이쪽의 진심을 의심하는 게 당연합니다. 진나라 왕은 위나라가 맹약을 핑계로 자신들의 경계심을 늦춘 뒤에 급습하리라 생각할 것입니다. 그렇게 앉아서 당하느니 먼저 군대를 보내는 편이 낫다고 판단했겠지요. 강대한 진나라가 주변국들을 달랜 다음 오로지 위나라를 목표로 공격하면 결과는 뻔하지 않겠습니까? 전하의 망설임으로 인해 우리 동주東周까지 해를 끼치지 않을까 염려됩니다. 어서 결단을 내리십시오. 진나라가 일단 거병하면 위나라로서는 후회할 시간조차 없습니다."

그 말에 비로소 사태가 심각한 지경에 이르렀음을 깨달은 위나라 왕은 눈물을 머금고 태자를 진나라에 보냈다.

조금만 말하라 | 잘 듣지 못하는 사람의 행동은 거칠다. 그는 자신을 정제할 능력이 없는 만큼 행동에도 앞뒤를 가리지 못하기 때문이다. 콩팥이 인체의 불순물을 걸러내는 것처럼, 자신에게 들려오는 바른 말과 그

른 말을 적확하게 구별하여 현실에 응용하는 사람이야말로 성공을 향해 달려가는 사람이다.

  그리스의 철학자 제논은 "신은 인간에게 두 개의 귀와 하나의 혀를 주셨다. 인간은 말하는 것의 두 배만큼 들을 의무가 있다"고 소리쳤다. 조금 말하고 많이 듣는 것, 현대에 와서 이와 같은 진리는 권리라기보다 의무가 되었고, 최근에는 불가결한 성공의 요건으로 규정되고 있다.

나는 나라에 죄를 지었습니다

―제나라 선왕의 자책

미욱한 왕은 나라보다 비단을 아낀다

현인 왕두王斗 선생이 제나라 선왕을 만나기 위해 대궐에 찾아왔다. 선왕이 기뻐하며 시종을 시켜 빨리 들어오라고 재촉하자, 왕두 선생은 설레설레 고개를 저었다.

"내가 총총걸음으로 궁궐 안에 들어가 전하를 배알하면 권세에 아첨하는 사람이 되고, 전하께서 내게 달려와 잡아끌면 현인을 사랑하는 명군으로 알려질 것입니다. 전하께서는 둘 중 어느 쪽을 선택하시겠습니까?"

시종이 그 말을 전하자, 선왕은 급히 궁궐 문밖으로 나가서 기다리던 왕두 선생을 모시고 들어와 물었다.

"나는 종묘사직에 제사 드리고 백성을 돌보는 몸입니다. 선생은 기탄없이 직언정간直言正諫 하는 분이라 들었습니다."

"잘못 들으신 겁니다. 나는 난세에 태어나고 난군亂君을 섬기는 몸, 어찌 직언정간 할 수 있겠습니까?"

난군을 섬긴다는 말에 선왕의 귀밑이 붉어지자, 왕두 선생이 덧붙였다.

"선군인 환공께서는 생전에 다섯 가지를 좋아하셨습니다. 그리하여 천하 제후들을 한데 모아 중원의 난맥상을 바로잡았습니다. 천자는 그 공을 높이 사서 사령서辭令書를 내려 환공을 전국의 패자霸者로 삼은 것입니다. 하지만 전하께서는 환공이 좋아한 다섯 가지 가운데 네 가지만 가지고 계십니다."

왕두 선생이 자신을 환공과 비견하여 말하자, 선왕은 내심 기뻐하며 물었다.

"나는 재간이 없고 아둔하여 나라를 지키는 것이 고작입니다. 선군께서 전해주신 것을 잃어버리지 말아야겠다고 다짐할 뿐입니다. 어찌 네 가지를 가졌다고 할 수 있겠습니까?"

그러자 왕두 선생이 정색을 하고 말했다.

"아닙니다. 분명 네 가지를 갖고 계십니다. 선군은 말을 좋아하셨는데 전하도 그러하고, 선군은 개를 좋아하셨는데 전하 또한 그러하며, 선군은 술을 좋아하셨는데 전하도 마찬가지입니다. 또 선군은 호색가셨는데 전하 또한 그러합니다. 다만 한 가지, 선군께서는 현사를 좋아했는데 전하는 그렇지 않습니다."

그 말에 기분이 상한 선왕이 볼멘소리로 되물었다.

"근자에는 현사다운 인물이 없습니다. 내가 어떻게 그들을 좋아할 수 있겠습니까?"

"물론 그렇겠지요. 요즘에는 기린麒麟도, 녹이綠耳도 없지만 수레를 끄는 말은 있습니다. 또 발이 빠른 토끼인 동곽준東郭俊이나 한나라 노씨에게 있던 날쌘 명견 노구盧狗 등 뛰어난 것은 찾아보기 어렵지만, 전하의 주구走狗들은 많습니다. 모장이나 서시 같은 미인은 없습니다만, 전하의 후궁에는 궁녀들이 넘쳐나지 않습니까? 전하께서 좋아하지 않는다 한들 어찌 오늘날 현사가 없을 수 있겠습니까?"

"그 말씀은 너무 심하십니다. 나는 항상 나라와 백성을 염려하고 있습니다. 그러니 현사를 얻어 나라를 훌륭하게 다스리고 싶은 마음이 왜 없겠습니까?"

"하지만 전하께서 나라와 백성을 사랑하는 것은 비단 조각 한 자를 사랑하는 만큼도 되지 못합니다."

"그건 대체 무슨 말씀입니까?"

"전하께서 비단으로 관冠을 만들게 할 때 시종 대신 전문 세공사에게 시키는 것은 무슨 까닭입니까? 잘 만들기 때문이지요. 그런데 전하께서는 나라를 다스릴 때 마음에 드는 신하만 골라 쓰십니다. 따라서 전하의 다스림은 얇은 비단 조각 한 자를 사랑하는 만큼도 되지 못한다는 말입니다."

"나는 그동안 나라에 죄를 지었군요."

날카로운 왕두 선생의 지적을 듣고 잘못을 깨달은 선왕은 비로소 눈빛을 바로 했다. 왕두 선생이 물러간 뒤, 선왕은 널리 인재를 수소문한 끝에 현사 다섯 명을 등용했다. 이후 제나라는 전대의 영광 못지않게 번성했다.

현재의 인간관계 | 사람들이 물었다.

"인생에서 어느 때가 가장 중요합니까? 그리고 어떤 인간이, 어떤 일이 가장 중요합니까?"

성인이 대답했다.

"가장 중요한 때는 현재다. 인간은 현재에만 자신을 통제할 수 있기 때문이다. 가장 중요한 인간은 현재 그대가 관계를 맺는 인간이다. 이후 그대가 또 다른 사람과 관계를 맺을지 어떨지는 확실하지 않기 때문이다. 가장 중요한 일은 그 사람들과 사랑하며 화합하는 일이다. 모든 사람은 서로 사랑하기 위해 이 세상에 태어났기 때문이다."

내가 무슨 말을 했는지 모르겠다

―군왕후의 유언

침묵의 의미

제나라의 민왕이 살해되자 신변에 위협을 느낀 태자 법장은 궁궐에서 나와 이름을 바꾸고, 거莒 땅에 있는 태사의 집 용인이 되었다. 그때 태사 약의 딸은 법장이 범상치 않은 인물임을 알고 불쌍히 여겨 몰래 음식이며 옷가지를 챙겨주었다. 법장과 태사의 딸은 마침내 사랑하는 사이가 되었다.

얼마 후 도읍 임치에 모여든 옛 신하들은 수소문 끝에 법장을 찾아내고 왕으로 옹립했다. 천운으로 옥좌에 오른 양왕이 태사의 딸을 왕후로 삼았으니, 그녀가 바로 군왕후다. 이 일을 두고 완고한 친정아버지 약은 죽을 때까지 딸을 만나려 하지 않았다.

"중매인도 없이 시집가는 딸은 내 딸이 아니다. 너는 우리 가문을 더럽혔다."

하지만 군왕후는 총명한 여인이므로 아버지가 외면한다고 해서 자식의 예를 버리지 않았다.

양왕 사후 아들 건이 등극하자 군왕후는 조심스럽게 진나라를 섬기고, 천하 제후들에게도 예의를 지켜 두루 신망을 얻었다. 언젠가 진나라 소양왕이 제나라에 사신을 보내 군왕후에게 옥련환을 전하면서 말했다.

"제나라에 지혜로운 사람이 많다고 하는데, 이 지혜의 고리를 풀 수 있겠습니까?"

군왕후가 그것을 신하들에게 내보였지만 푸는 사람이 없었다. 그러자 군왕후는 망치로 지혜의 고리를 부순 다음 진나라 사신에게 정중히 말했다.

"삼가 풀었습니다."

그 이야기를 전해 들은 소양왕이 혀를 내두르며 군왕후의 지혜와 용기에 탄복했다. 이런 까닭에 건은 왕위에 오르고 40년이 넘도록 한 차례도 외침을 받지 않는 행운을 누렸다. 세월이 흘러 임종이 가까워지자 군왕후는 아들 건에게 훈계했다.

"군신 중에 신임해도 좋은 사람은 이런저런 사람이다."

"그들의 이름을 기록해도 됩니까?"

"좋도록 해라."

건이 붓과 서판을 준비한 다음 말했다.

"이제 말씀해주십시오."

"내가 늙은 할미라 무슨 말을 했는지 모르겠다."

군왕후는 신임해도 좋은 사람의 이름을 하나도 알려주지 않았다.

설화舌花**와 설화**舌禍 | '말하지 않는 것이 꽃'이라는 일본 속담이 있다. 잘못 내뱉은 말 한 마디가 당사자는 물론 그 주변까지 파멸로 이끈 예가 많기 때문이다. 군왕후는 마지막에 왜 입을 다물었을까. 자신이 어느 신하를 언급하면 거꾸로 그 사람에게 화가 미칠까 염려했을 것이다. 말로 꽃을 피울까, 재난을 당할까? 이는 전적으로 말하는 사람의 몫이다. 당신은 오늘 어떤 설화를 선택할까. 세계인의 베스트셀러 성경에는 다음과 같이 쒸어 있다.

'욕설은 동시에 세 사람에게 상처를 준다. 욕을 듣는 사람, 그 말을 전한 사람 그리고 욕을 한 사람. 그중에서도 가장 심하게 상처 받는 사람은 욕설을 내뱉은 사람이다.'

포의의 노여움을 아십니까?
—당차와 진시황의 논쟁

진시황의 선택

진시황 영정嬴政이 천하를 통일하기 전, 위나라 양왕의 동생 안릉군에게 500리의 땅을 줄 테니 안릉 땅을 내놓으라고 요구했다. 하지만 안릉군은 이렇게 답하며 거절했다.

"대왕께서 제게 은혜를 베풀어 500리의 대大를 안릉의 소小와 바꾸고자 하시니 황공할 따름입니다. 하지만 이 땅은 조상에게 물려받은 영지인지라 불민한 제가 영구히 지키고 싶습니다."

화가 난 진시황은 군사를 일으켜 무력으로 안릉을 정벌하려 했다. 그러자 안릉군은 사태를 수습하기 위해 유세객 당차唐且를 급히 진나라에 파견했다. 진시황은 당차를 보자마자 따졌다.

"좁은 안릉에 은혜를 베풀어 500리나 되는 땅과 맞바꾸자고 했는데, 안릉군은 무례하게 내 제안을 거절했다. 내가 한과 위 두 나라를 멸망시키고도 사방 50리 남짓한 안릉을 내버려둔 것은 저들에게 덕이 있다고 여겼기 때문이다. 무려 열 배가 넘는 땅을 제시했는데 이를 한 마디로 거절하는 것은 나를 무시하는 처사가 아닌가."

살기등등한 진시황의 협박에도 당차는 한 치의 흐트러짐 없이 대답했다.

"전하, 어찌 우리가 막강한 힘이 있는 전하를 무시할 수 있겠습니까. 안릉군은 선왕에게 물려받은 땅을 지키겠다는 한 가지 생각밖에 없습니다. 그러기에 누가 천 리의 땅을 준다 해도 허락하지 않겠다는 것입니다."

그 말을 들은 진시황은 자리에서 벌떡 일어나 소리쳤다.

"가소롭기 짝이 없는 대답이로구나. 그대는 정녕 천자의 노여움이 무엇인지 모르는가?"

"그것이 무엇입니까?"

"천자가 노여워하면 시체가 100만에 이르고, 유혈이 천 리에 이르는 참상이 벌어진다."

그러자 당차는 아무런 표정 변화 없이 조용한 목소리로 되물었다.

"그렇다면 대왕께서는 포의布衣의 용사가 노여워하면 어떻게 되는지 들어보신 적이 있습니까?"

"포의가 대체 무엇이더냐. 일개 선비가 관을 벗고 맨발이 되어 머리를 땅에 문지르고 상대의 기분을 맞추어주는 것이다. 두려울 게 무엇이냐?"

"대왕께서 아시는 것은 범부의 노여움일 뿐, 포의 용사의 노여움은 아닙니다. 들어보십시오. 일찍이 자객 전제가 공자 광을 위해 오왕 요를 찌르려 했을 때 혜성이 달을 습격했습니다. 또 자객 섭정이 엄수의 부탁으로 한괴를 찌르려 했을 때 흰 이무기가 해를 꿰뚫었습니다. 요리가 오왕 합려를 위해 왕자 경기를 죽이려 했을 때는 창매가 궁궐 위를 습격했습니다. 세 가지가 모두 포의 용사의 노여움입니다. 곧 용사가 자신의 노여움을 드러내기 전에 정기가 하늘에 감응하여 상서로운 현상이 일어난 것입니다. 앞의 세 사람에 저까지 합치면 포의의 용사는 네 사람이 됩니다. 그리하여 천자가 죽으면 천하의 백성은 모두 상복을 입겠지요. 오늘이 바야흐로 그날입니다."

당차는 말을 마치자마자 품속에 감춰둔 비수를 뽑아 자리에서 벌떡 일어났다. 그의 기백에 감탄한 진시황은 누그러진 목소리로 당차를 달랬다.

"선생은 제발 자리에 앉으시오. 무슨 일로 그리 노여워하십니까. 한나라와 위나라가 멸망한 마당에도 50리 경계에 불과한 안릉이 존속할 수 있는 것은 선생과 같은 이들이 있었기 때문이라는 것을 이제야 알았소이다."

진시황은 당차와 논쟁을 마친 다음 안릉을 도모하려던 계획을 접었다. 당차가 무력이 막강한 진시황을 마음을 돌린 것은 비수의 위협이 아니라 포의 용사라는 가상의 모델을 통해 하늘의 뜻을 일깨웠기 때문이다.

전국시대 말기 진나라의 힘을 분쇄하기 위해 진왕을 암살하려는 시도는 무수히 많았지만 한 번도 성공한 적이 없고, 거사를 꾀했다가 멸망하지 않은 나라도 없다. 안릉은 당차와 같은 인물 덕분에 한동안 명맥을 유지할 수 있었지만 그리 오래가지는 않았다.

선택의 기로 ｜ 당차가 대화 도중 언급한 전제는 오나라가 흥성하던 시기의 자객으로, 공자 광의 사주를 받아 구운 생선에 비수를 숨겨 들어가 오왕 요를 찔러 죽이고 참살당한 인물이다. 또 요리는 공자 광이 요를 죽이고 자립한 다음 요의 아들 경기를 죽이기 위해 동원한 자객이다. 당시 요리는 죄를 지은 척하며 자신의 처자를 죽이고, 경기가 머물던 위衛나라로 가서 경기를 오나라로 유인한 뒤 그를 죽이고 자결했다.

당차는 유명한 자객을 들먹이며 진시황이 안릉을 강제로 병합한다면 하늘의 분노를 살 뿐만 아니라, 천명에 순응하는 자객들이 줄을 이을 것이라고 경고했다. 그의 뜻이 암살이었는지 자결이었는지는 분명치 않지만, 벼랑 끝 전술로 목적을 이루었다.

얼마 후 중국 최초의 황제로 등극한 진시황 영정 앞에서 취한 당차의 그야말로 당찬 행동은 구석에 몰린 쥐가 고양이를 협박하는 것과 마찬가지였다. 하지만 진시황은 괘씸한 당차에게 징벌보다 관용을 선택했다. 장차 천하를 아울러야 할 패자霸者로서 민심을 수습하기 위해 현인을 중시하는 모양새를 갖추어야 했을 것이다. 그러므로 두 사람의 논쟁에서 누가 승리했느냐는 중요치 않다. 그들은 각자 자신의 입장에서 결론을 선택했을 뿐이다. 웨인 W. 다이어는 《내 인생 내가 선택하며 산다》에서 선택의 의미를 다음과 같이 설명한다.

'세상사에서 당신이 하는 일은 당신이 화를 내든, 안 내든 나이아가라 폭포에 물 한 컵을 부은 정도의 영향밖에 주지 않는다. 당신이 웃음을 택하든, 분노를 택하든 대단한 것이 아니다. 웃음을 택하면 현재가 즐거워지고, 분노를 택하면 현재가 비참해진다는 것을 빼면 말이다.'

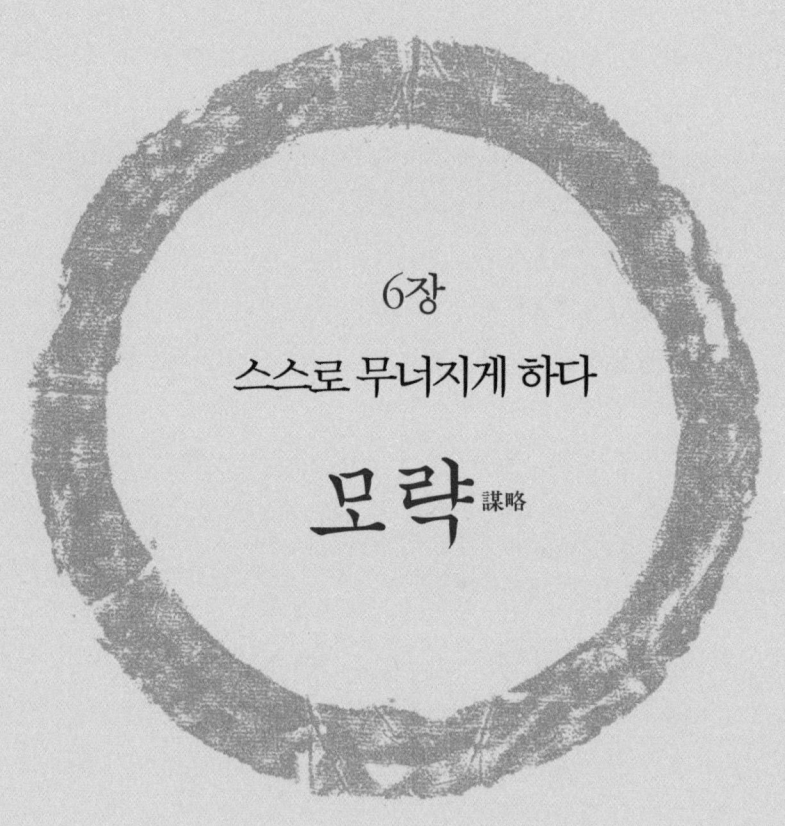

6장
스스로 무너지게 하다
모략 謀略

험담자는 시리아에 서 있지만 로마에서 죽인다.
《탈무드》

고통을 주는 미소는 절대로 미소가 아니다.
세르반테스Cervantes

사람들은 태산이 아니라 흙무더기에 부딪혀서 넘어진다.
공자

세상이 나를 어떤 사람으로 보든,
어떤 사람으로 보지 않든 그것은 별로 걱정할 바가 아니다.
로버트 브라우닝Robert Browning

가져갈 만하면 가져가 보십시오
—안솔의 이중 화법

무거운 유혹

진나라 목공穆公이 대군을 국경 부근에 집결한 다음 주나라에 사자를 보내 구정九鼎:천자를 상징하는 큰 솥 아홉 개을 내놓지 않으면 즉시 공격하겠다고 협박했다. 당시 진나라의 군사력이 막강했으므로 주나라 혜왕惠王이 몹시 두려워하자 신하 안솔顔率이 말했다.

"근심하지 마십시오. 제게 묘책이 있습니다."

혜왕을 안심시킨 안솔은 즉시 동쪽의 제나라로 달려가 환공桓公을 설득했다.

"진나라가 우리에게 구정을 내놓으라고 협박하고 있습니다. 이에 우리는 천자의 보기寶器인 구정을 무도한 진나라에 내주기보다 제나라에 바치는 것이 낫다는 결론을 내렸습니다."

"오, 그렇소."

환공은 안솔의 제안에 반색했다. 구정을 얻는다는 것은 천하의 패권을 쥔다는 의미이기 때문이다. 상대의 반응이 예상대로 맞아떨어지자, 안솔은 기회를 놓치지 않고 조건을 걸었다.

"천하의 제후로서 위기에 처한 다른 나라를 구해주는 일은 대단히 명예로운 일입니다. 게다가 구정까지 덤으로 얻으니 실로 천재일우의 기회가 아니겠습니까? 부디 군사를 동원해 진나라의 침공을 막아주십시오."

안솔의 유혹에 넘어간 환공은 장군 진신사陣臣思에게 병력 5만을 주어 즉시 주나라로 출동시켰다. 진나라 군대는 하릴없이 철수했다.

욕심에는 비용이 따른다

진나라의 대군이 물러나자 한숨 돌린 주나라는 또 다른 근심에 빠졌다. 제나라가 군사를 지원한 대가로 구정을 요구할 것이기 때문이다. 난제를 해결하기 위해 안솔이 다시 제나라에 파견되었다. 환공을 배알한 안솔은 머리를 조아리며 말했다.

"우리 주나라는 전하의 도움으로 평화를 되찾았습니다. 이제 약속대로 구정을 드려야 하는데 어느 길로 운반할까요?"

환공은 이제 구정이 자기 것이 되었다고 여겨 흡족한 표정으로 되물었다.

"그야 위나라를 통해 가져오는 것이 좋지 않겠소?"

그 말을 들은 안솔은 안색을 굳히며 고개를 저었다.

"그것은 불가합니다. 위나라에서는 오래전부터 구정을 탐내고 있습니다. 그쪽으로 구정을 운반하다가는 위나라 경내의 휘태와 소해 지역을 결코 통과하지 못할 것입니다."

"그러면 초나라를 거치도록 하지."

"그 또한 어렵습니다. 초나라는 오래전부터 엽정 땅에서 구정을 빼앗을 궁리만 하는 것을 모르셨습니까? 구정이 초나라 영역으로 들어가면 결코 밖으로 빠져나오지 못합니다."

환공은 미소를 거두고 짜증 섞인 목소리로 물었다.

"정말 답답하군. 그렇다면 대체 어디를 통해야 구정을 제나라로 들여올 수 있단 말인가?"

그러자 안솔은 자신도 속이 탄다는 듯이 말했다.

"아, 이 문제는 정말 어렵군요. 우리 주나라에서는 오랫동안 이 문제로 노심초사하고 있습니다. 정鼎이란 것이 워낙 커서 식초병이나 간장종지같이 간단하게 품속에 넣거나 손에 들고 가져올 수도 없고, 까마귀가 날거나 토끼가 껑충 뛰거나 말이 달리듯이 재빨리 전해줄 수도 없는 물건이니까요."

"정이 크다는 말은 나도 들어 알고 있소. 그런데 진짜 크기가 얼마만한가?"

환공이 묻자 안솔은 심각한 어조로 대답했다.

"옛날 주나라가 은나라를 쳐서 구정을 얻었을 때 한 개를 옮기는 데 9만 명이 동원되었습니다. 그러니까 아홉 개를 옮기려면 81만 명이 필요합니다. 게다가 호위병에 인부, 기계, 식량, 옷가지 등속이 빠져서는 곤란합니다. 전하께서 그 숫자는 맞출 수 있다 해도 대체 어느 길을 거쳐 그 많은 인원을 이동시키겠습니까? 소신은 정말 남의 일 같지 않습니다."

그제야 사태를 파악한 환공은 안솔을 물끄러미 내려다보며 말했다.

"들고 보니 주나라에서는 구정을 우리에게 내줄 생각이 없다는 뜻이로군."

"절대로 그렇지 않습니다. 우리는 전하를 속이려는 뜻이 결코 없습니다. 이번에 구명의 은혜를 입었는데 어찌 허언을 내뱉을 수 있겠습니까. 약속대로 이제 구정은 제나라의 것이니 언제라도 가져가십시오. 귀국에서 한시라도 빨리 구정을 가져갈 방도를 구상하여 통보해주신다면 우리는 즉시 행동에 옮길 것입니다. 지금 주나라에서는 정을 안치소에 옮겨놓고 전하의 분부만 기다리고 있습니다."

안솔은 천연덕스럽게 환공을 달랜 다음 미소를 지으며 돌아갔다. 그때부터 환공은 신하들과 함께 구정을 주나라에서 제나라로 옮겨올 방도를 논의해보았지만 도저히 방법이 없었다. 하루 이틀, 한 달 두 달 세월이 흐르면서 두 나라 사이에 구정에 대한 현안은 어느덧 흐지부지되고 말았다. 안솔은 뛰어난 지혜와 언변으로 강대국 진나라의 야욕을 물리치고 제나라까지 농락한 것이다.

이중 화법의 대가

춘추시대 말엽 진나라와 제나라 등 주변의 강국 사이를 오가며 상대적으로 약소국인 주나라를 위기에서 구하고, 천자의 상징인 구정을 지켜낸 안솔은 이중적인 외교 화법에 능통한 인물이다. 그는 상대를 한껏 치켜세우면서도 당사자의 약점을 교묘하게 이용하는 화법을 구사했다. 언젠가 그가 한韓나라에 갔을 때 실력자인 공중公仲과 만나려 했지만 거절당했다. 그러자 안솔은 공중의 식객 한 사람에게 말했다.

"공께서는 아마 나를 거짓말쟁이로 아시는 모양이군요. 그분께서는 여자를 좋아하는데 나는 선비를 좋아한다고 말했고, 그분께서는 돈에 인색한데 나는 남에게 주는 걸 좋아한다고 말해왔소. 또 그분께서는 도리에 벗어난 일을 행하지만 나는 옳은 일을 좋아한다고 했으니 말이오. 이제부터는 거짓말 대신 사실을 말해야 할 것 같소."

 식객에게 그 말을 전해 들은 공중은 황급히 안솔을 집으로 모시게 했다. 그와 면담을 회피했다가는 자칫 천하의 소인배로 알려질까 두려웠기 때문이다.

침을 구슬로 만든다

일찍이 중국의 수상 저우언라이周恩來는 국제회의에서 화술에 대해 "해타락구천咳唾落九天 수풍생주옥隨風生珠玉"이라고 말했다. '침이 하늘에서 떨어지면 바람이 구슬로 만든다'는 뜻이다.

 국가 간에 첨예한 이해관계가 오가는 외교에서 언변은 실로 중요하다. 잘못 내뱉은 한 마디로 피비린내 나는 전쟁이 벌어지는가 하면, 수십 년 철천지원수가 하루아침에 친구가 되기도 한다. 때문에 외교관들은 본능적으로 명백한 의미가 드러나는 발언은 하지 않는다. 자국의 견해를 물에 물 탄 듯 술에 술 탄 듯 두루뭉술하게 표현함으로써 어느 방향으로든 변신할 수 있는 가능성을 열어두는 것이다.

공개적으로 편지를 보내십시오

—영천의 계교

강자는 협박에도 능하다

초나라와 위나라의 군대가 경산에서 맞붙었다. 이때 위나라는 진나라에게 상락 땅을 나누어주겠다면서 초나라와 친교를 끊으라고 부추겼다. 이 싸움은 결국 남양 전투에서 초나라 군대를 물리친 위나라의 승리로 끝났다. 진나라는 약속대로 상락 땅을 내놓으라고 독촉했지만, 위나라는 들은 체도 하지 않았다. 그때 영천이란 유세객이 진나라 왕에게 말했다.

"전하께서는 공개적으로 초나라 회왕에게 편지를 보내십시오. '위나라는 초나라와 싸움에서 승리하고 나서 우리와 맺은 약조를 지키지 않고 있다. 그러므로 나는 초나라 왕과 만나고 싶다. 위나라는 진나라와 초나라가 친교를 맺는 것을 두려워하여 거짓 약속을 했으니 징벌을 받아 마땅하다. 이제 위나라는 새로 얻은 땅을 진나라에 빼앗길 것이고,

초나라는 그 대가로 엄청난 재화를 얻을 것이다. 초나라 왕은 즉시 위나라의 남쪽을 공격하라. 나는 위나라의 서쪽을 치겠다. 그들이 얼마나 견딜 수 있겠는가'라고 말입니다."

"좋은 생각이다."

진나라 왕은 즉시 영천의 조언대로 초나라에 사신을 보냈다. 그러자 겁먹은 위나라는 즉시 상락 땅을 진나라에 내놓았다.

약탈자의 심리 | 남의 약점을 빌미로 협박하는 것은 확실히 재미있는 일이다. 하지만 그 일이 당사자에게는 얼마나 불쾌하고 짜증스러운지 이해하지 못하는 사람들이 많다. 사실 그것은 흉악한 범죄인데, 예나 지금이나 국제사회에서 이런 범죄행위가 아무런 죄의식 없이 행해진다. 강대국은 틈만 나면 약소국의 등을 두드려 고혈을 짜내고, 선심 쓰듯 찌꺼기를 던져준다.

현실 사회에서도 이렇듯 뻔뻔스런 일이 자주 벌어진다. 주위를 돌아보면 성공을 위해 무슨 짓이라도 하겠다는 사람들이 꽤 많다. 안타깝게도 그런 악당이 대다수 선량한 사람들보다 성공할 확률이 높다. 사자와 하이에나가 힘을 합치면 들소 떼도 쉽게 흩어지기 때문이다.

> 무엇 때문에 오늘 같은
> 즐거움만을 기꺼워하겠습니까?
> ―안릉군의 아첨술

때를 맞추어 행한다

초나라의 단이 안릉군으로 봉해지기 전에 강을이 찾아가 물었다.
 "당신은 조정에서 털끝만 한 공도 세운 적이 없고 나라 안에 이렇다 할 친척도 없는데, 존귀한 지위에 있으면서 후한 녹을 받고 거리에서 당신께 절하지 않는 백성이 없습니다. 대체 어찌 된 까닭입니까?"
 "전하께서 저를 잘못 알고 과분한 대접을 해주기 때문입니다. 다른 까닭이 있을 리 없습니다."
 "재산으로 교분을 쌓은 자는 재산이 다하면 교분이 끊기고, 색으로 교분을 쌓은 자는 꽃이 떨어지면 사랑이 떠나가는 법입니다. 따라서 사랑받는 여자는 결코 이부자리를 찢지 않으며, 총애 받는 신하는 수레를 상하게 하지 않습니다. 지금 당신은 초나라의 권세를 좌지우지하면서도 전하와 깊은 관계를 맺으려 하지 않으니 참으로 이상합니다.

당신이 은근히 걱정되어 드리는 말씀입니다."

"그렇다면 제가 어찌하는 것이 좋겠습니까?"

"전하께 무슨 일이 있어도 임종 때 함께 하며, 주군의 뒤를 따라 죽 겠다고 청하십시오. 그러면 당신은 초나라에서 오래도록 부귀영화를 누릴 것입니다."

강을의 충고에 단은 매우 고마워했지만, 3년이 지나도록 아무런 움직임이 보이지 않았다. 그러자 강을이 단을 찾아가 질책했다.

"내가 예전에 한 말을 왜 실천하지 않습니까? 저를 믿지 못하겠다면 다시는 만나지 않겠습니다."

"그 말을 잊은 것이 아닙니다. 아직 때를 찾지 못했을 뿐입니다."

단은 그렇게 대답하고 강을을 잘 달래 돌려보냈다.

얼마 뒤 초나라 왕이 신하들과 더불어 운몽에 사냥하러 갔다. 사두 전차가 천 승, 깃발은 태양을 가렸고, 야화가 무지개 같았으며, 코뿔소와 호랑이의 포효는 우레와 같았다. 그런데 갑자기 미친 코뿔소 한 마리가 왕이 탄 수레를 향해 달려들었다. 왕이 급히 활을 당겨 한 발에 쏘아 죽인 다음 깃발을 뽑아 코뿔소를 누르고 흥겨운 듯 하늘을 우러르며 소리쳤다.

"아아, 오늘 사냥이 참으로 즐겁도다. 나의 만세천추가 지난 뒤에 그대들은 누구와 함께 이 즐거움을 다시 누리겠는가!"

그러자 곁에 있던 단이 갑자기 눈물을 뚝뚝 떨어뜨리며 앞으로 나아가 말했다.

"소신은 궁 안에 있으면 전하와 깔개를 나란히 하고, 밖에 나갈 때는 곁에서 수레를 탑니다. 전하의 만세천추 후에는 황천을 맛보고, 개미나 땅강아지 따위를 깔개로 삼는 것이 소원입니다. 무엇 때문에 오늘 같은 즐거움만을 기꺼워하겠습니까?"

그 말을 들은 왕은 기뻐하며 큰 상을 내리고 그를 안릉군으로 봉했다. 사람들이 이 일을 전해 듣고 비웃었다.

"강을은 꾀를 잘 냈고, 안릉군은 때를 잘 알았다."

말하는 스타일 | '구슬이 서 말이라도 꿰어야 보배'라는 말이 있다. 강을의 계책은 훌륭했고, 안릉군은 시기를 잘 잡았다. 안릉군은 무슨 말을 하느냐보다 언제 하느냐가 중요하다는 것을 행동으로 보여주었다. 간신은 말을 잘하는 자가 아니라 적당한 때 군주의 가려운 곳을 긁어주는 사람이다.

일본의 언어심리학자 미우라 유코는 말하는 스타일에 따라 사람의 성격을 파악할 수 있다는 이론을 발표하여 세간의 주목을 받았다. 그녀에 따르면 '과연'이란 말을 자주 하는 사람은 자신의 주장이 옳다는 것을 강조하는 스타일이며, '사실'이란 말을 자주 하는 사람은 상대가 자신에게 주목해주기를 바라는 편으로, 고집이 세고 자부심이 강하며 다소 제멋대로라고 한다. 또 '마지막으로 어쩌고저쩌고' 하는 사람은 대부분 잠재 욕구가 충족되지 않아 불만이 많은 스타일이라니, 대인 관계에서 이 부분을 눈여겨보면 큰 도움이 되지 않을까 싶다.

공이 없는데 내리는 상은
의심스럽습니다
— 지백의 계교를 간파한 남문자

이유 없는 선물 없다

지백이 위나라를 칠 뜻을 품고 위나라 왕의 방심을 유도하기 위해 야생마 400필과 보옥을 선물했다. 위나라 왕이 크게 기뻐했고 군신도 모두 축하했지만, 대부 남문자는 어두운 표정을 지었다. 기분이 상한 위나라 왕이 물었다.

"대국이 소국에게 커다란 호의를 베풀었는데, 대부께서는 무슨 걱정이라도 있소?"

"공이 없는데 내리는 상이나 수고하지 않았는데 나타내는 예의는 깊이 생각해야 합니다. 말 400필과 보옥은 소국이 대국에게 취할 인사입니다. 그런데 거꾸로 대국이 그런 인사를 취했으니 소국으로선 의심하지 않을 수 없습니다."

그 말에 경각심을 품은 위나라 왕은 급히 국경 수비를 강화했다. 과연 지백이 군사를 이끌고 기습했지만, 위나라의 강력한 수비망에 막혀 참패하고 돌아갔다. 얼마 후 자신의 은밀한 계획이 들통 난 사실을 안 지백은 쓴웃음을 지으며 탄식했다.

"위나라에 현인이 있었구나."

그 뒤 위나라에 대한 욕심을 버리지 못한 지백은 태자를 위나라로 거짓 도망치게 하고, 몰래 군대를 뒤따르게 했다. 그런데 이번에도 남문자가 지백의 계략을 눈치 채고 국경의 수비대장에게 명했다.

"태자 안은 지백의 아들로, 그동안 몹시 사랑받았다. 그런 태자가 이렇다 할 죄도 없는데 우리에게 온다는 것은 있을 수 없는 일이다. 그대는 태자의 뒤를 따르는 전차가 다섯 승이 넘거든 절대로 국경을 통과시키지 마라."

지백은 남문자의 대응 때문에 위나라 공략을 포기하고 태자의 발길을 되돌릴 수밖에 없었다.

두 귀를 활짝 열어라 | 남문자의 혜안과 위나라 왕의 재빠른 행동이 돋보이는 대목이다. 왕은 남문자의 조언을 듣자마자 군대를 국경에 배치함으로써 누란의 위기에서 벗어날 수 있었다. 조직에서 이처럼 상하가 굳게 뭉치면 어떤 난관도 쉽게 돌파할 수 있다.

일반적인 대화든 업무적인 대화든 말을 잘하면 좋겠지만, 잘 듣기만 해도 본전을 뽑는 경우가 많다. 그런 면에서 우리는 대화 도중 다음과 같은 몇 가지 악습에 물들어 있지 않은가 챙겨보는 것이 좋겠다.

첫째, 듣지 않으면서 듣는 척하는 것.

둘째, 상대의 말을 통째로 기억하려 하는 것.

셋째, 이해하기 어렵거나 재미없는 이야기는 흘려듣는 것.

넷째, 상대의 복장이나 화법 등에 민감하게 반응하는 것.

다섯째, 주위 환경에 지나치게 신경을 쓰는 것.

이와 같은 실수를 범하지 않고 위나라 왕처럼 상대의 말을 경청하고 실천하면 이전에 미처 몰랐던 많은 사실을 알 수 있다.

일본의 강연가 사카가와 사키오는 《남의 말을 잘 듣는 사람이 성공한다》에서 다음과 같이 말한다.

"듣기는 진실을 보다 잘 볼 수 있는 눈을 준다. 어린아이들은 엄마가 '그만 떠들어'라고 말하면 '이제 조용히 놀아라'인지, '그만 놀아라'인지, '계속 그렇게 놀아도 좋아'인지 금방 알아듣는다."

제 말은 거짓말이 될 것 같습니다

―장의의 빈궁 타개법

미인에게 천금을 얻다

장의가 초나라에 머무를 때 조정의 대접이 시원치 않아 몹시 고생했다. 그를 따르는 문도들은 입을 옷조차 없어 의관이 다 해어질 정도였다. 참다못한 문도들이 그만 초나라를 떠나자고 보채자, 장의가 그들을 달랬다.

"조금만 기다려라. 내가 천금을 얻어주겠다."

당시 초나라에서는 남후와 정수라는 미인이 왕의 총애를 받았다. 장의는 그 점을 이용하기로 하고 초나라 왕을 찾아가 말했다.

"최근에 전하께서는 제게 용무가 없는 듯하니 짬을 내어 북쪽의 진나라에 다녀올까 합니다."

"그렇게 하시오."

"전하께서는 혹시 진나라에서 구하고 싶은 것이 없습니까?"

"황금과 보옥, 물소 뿔, 상아…… 초나라에는 없는 것이 없소. 내가 무엇이 부족하여 욕심을 내겠는가."

"하지만 전하께선 미인을 좋아하시지 않습니까?"

"그건 그렇지만……."

"들어보셨는지 모르지만, 진나라 가는 길에 있는 정나라나 주나라의 여자들은 눈썹을 그리고 거리의 모퉁이나 문전에 서 있으면 마치 여신이 하강한 게 아닐까 싶을 정도로 아름답다고 합니다."

"우리나라는 변방에 있는지라 나는 아직 그런 미인을 본 적이 없소. 그 정도라면 누구라도 군침이 돌지 않겠소?"

초나라 왕은 장의의 제안에 크게 기뻐하며 천금을 내주었다. 한편 그 이야기를 전해 들은 남후는 왕의 총애를 잃을까 근심하다가 장의에게 사람을 보냈다.

"장군께 천금을 드리니 노자로 쓰십시오."

정수 또한 뒤질세라 측근을 통해 금 500근을 보냈다. 이는 모두 장의에게 미인을 데려오지 말라는 무언의 부탁이다. 장의는 출발하기 전에 초나라 왕을 찾아가 작별을 고했다.

"천하의 관문은 막히기 쉬우니 통과하지 못하면 다음에 언제 뵐지 기약할 수가 없습니다. 아무쪼록 작별의 잔을 나누고 싶습니다."

그리하여 궁중에서 장의의 송별연이 열렸다. 주흥이 무르익을 무렵, 장의는 왕에게 정중하게 읍하고 말했다.

"제가 보니 이 자리에는 전하께서 믿을 만한 사람이 없는 것 같습니다. 아무쪼록 총애하는 분을 불러 잔을 받으십시오."

그러자 왕은 남후와 정수를 불러 술을 따르도록 했다. 두 미인이 연회장에 들어서자, 장의는 금세 옷깃을 바로 하고 그녀들에게 절했다.

"제가 전하께 죽을죄를 지었습니다."

"그게 무슨 말인가?"

"천하를 두루 다녀보았지만 지금까지 두 분과 같은 미인을 본 적이 없습니다. 제가 미인을 구해오겠다고 한 말은 새빨간 거짓말이 될 것 같습니다."

그 말을 들은 초나라 왕은 함박웃음을 지으며 대답했다.

"하하, 괜찮소. 나는 세상에 이들보다 어여쁜 여인이 있다고 생각해 본 적이 없소."

남후와 정수는 안심했고, 수천 금을 거머쥔 장의는 문도들과 함께 초나라를 떠났다.

말의 씨앗 | 인간관계에는 보이지 않는 룰이 있다. 세상에 공짜가 없다는 사실이다. 우리가 의식하지 않더라도 친절은 상대방의 감사하는 응답을 전제로 하며, 동정에는 자기만족이라는 가치가 숨겨져 있음을 부정할 수 없다. 무조건적인 듯이 보이는 부모의 사랑에도 과거에는 노후의 부양, 현재에는 가족의 행복이라는 대가가 있으며, 남녀의 사랑에도 쾌락이라는 반대급부가 잠재되어 있다.

우리 주변에서 벌어지는 인간관계는 대부분 조건반사적인 일면이 있다. 나의 행위가 상대방에게 자극을 주고 어떤 반응이 돌아옴으로써 관계가 형성되는 것이다. 당신이 선의를 베풀어 슬픔에 빠진 친구를 위로한다든지, 심심한 친구와 놀아주는 일련의 행위도 이와 같은 범주에서 결코 벗어날 수 없다.

이 진리는 대화라는 측면에서도 여지없이 적용된다. 그러기에 유명한 우화 작가 이솝은 상반된 말의 영향력을 혀 요리로 풍자했다. 우리가 함부로 내뱉는 말 한 마디 한 마디에는 엄청난 힘이 있다. 그 힘을 어떻게 쓰느냐는 전적으로 개인의 역량에 달렸다. 다음과 같은 아미엘의 탄식이 시사하는 바는 과연 무엇일까.

"말은 땅에 뿌린 씨앗과 같아서 사물을 계시하는 힘이 된다. 그러나 우리는 이 사실을 잊고 있다. 말 한 마디의 결과는 측량할 수 없는 영향력이 있다. 언어란 참으로 깊은 뜻을 내포한다. 그러나 우리는 어리석다. 우리는 육체적 존재이기 때문에 보이는 것만 중시한다. 우리는 길거리의 돌이나 나무를 볼 수 있다. 물질적인 것은 무엇이든 다 볼 수 있다. 그러나 우리는 눈에 보이지 않는 사상의 부피까지는 깨닫지 못한다. 그것은 공중에 가득 차 있으며, 항상 우리 주위를 떠도는데도 말이다."

그가 제게 자랑했습니다
―정적을 물리친 감무

권력자는 화를 낸다

감무가 진나라의 재상으로 있을 때의 일이다. 진나라 무왕은 공손연이라는 인물과 자주 대화를 나누다가, 장차 그를 재상으로 중용하겠다는 의사를 표시했다. 그 말을 전해 들은 감무는 서둘러 왕에게 나아가 말했다.

"전하께서 현명한 재상을 얻었다 하니 진심으로 축하드립니다."

그러자 무왕은 어리둥절하여 물었다.

"이 나라의 재상은 바로 당신인데, 어찌 내가 또 다른 재상을 얻었다는 말이오?"

"전하께서는 공손연을 재상으로 삼으려 하지 않습니까?"

"대체 그 말을 어디에서 들었소?"

당황한 무왕의 반문에 감무는 천연덕스러운 태도로 대답했다.

"공손연이 소신에게 자랑했습니다."
무왕은 공손연의 입이 가볍다고 여겨 즉시 국외로 추방했다.

구밀복검口蜜腹劍 │ 감무는 자신의 입지를 위협하는 공손연을 제거하는 방법으로 군주의 자존심을 이용했다. 페르시아 잠언에 '총알에 맞은 상처는 치료할 수 있다. 그러나 사람의 말에 맞은 상처는 끝내 치유되지 않는다'는 말이 있다. 애매한 칭찬은 석연찮은 비난과 마찬가지로 해로운 결과를 초래한다는 뜻이다. 《탈무드》에는 이와 비슷한 상황이지만 반대의 결과를 거둔 우화가 실렸다.

모두 깊은 잠에 빠진 밤중에 한 사람이 몰래 남의 밭에 들어가 봄보리 속에 가을보리 씨를 뿌려놓고 달아났다. 시간이 흘러 그 밭에서 보리가 여물었을 때 결실을 맺지 못한 가을보리를 발견한 일꾼이 주인에게 물었다.

"주인님, 어찌하여 밭에 가을보리가 났는지 모르겠습니다. 가서 모조리 뽑아버릴까요?"

그러자 주인이 대답했다.

"그건 내 원수 놈이 한 짓이다. 가을보리 뽑으려다 봄보리까지 못 쓰게 할 수 있으니 그냥 두어라. 남은 것은 가을에 수확하면 되니 오죽 좋으냐."

미인의 소문을 내지 마라
―용양군의 눈물

가까운 사람이 장막을 친다

위나라 왕이 어느 날 총신 용양군과 함께 연못에서 낚시를 하고 있었다. 그런데 용양군은 열 마리 남짓 고기를 낚더니 갑자기 눈물을 흘렸다. 왕이 이상하게 생각하고 물었다.

"그대는 왜 우는가? 무슨 걱정이라도 있느냐. 어서 말하라."

그러자 용양군은 옷깃으로 젖은 눈가를 닦고 대답했다.

"아닙니다, 전하. 제게 무슨 걱정이 있겠습니까?"

"그런데 갑자기 눈물 흘리는 까닭이 무엇이냐?"

"제가 낚아 올린 고기가 전하의 마음과 똑같아 보였기 때문입니다."

"그게 무슨 뜻인가?"

"신이 처음 낚시를 시작해서 고기를 낚아 올렸을 때 매우 기뻤습니다. 하지만 점점 큰 고기를 낚아 올리니 전에 낚은 작은 고기를 버리고 싶었습니다."

"그래서 어쨌다는 말인가?"

"전하, 저는 평범하고 못생긴 사람이지만 전하의 사랑을 받은 뒤로 작위가 군君에 이르렀습니다. 궐내 사람들을 뜰 아래로 물러서게 할 뿐만 아니라 거리에서도 사람들이 제게 감히 고개를 들지 못합니다. 그러나 천하에는 미인이 많습니다. 그녀들이 저와 같은 남자가 전하의 총애를 받고 있음을 안다면 너도나도 대궐 앞에 몰려들 것입니다. 그리 되면 저는 오늘 잡은 작은 고기처럼 전하에게 버림 받지 않겠습니까? 그런 생각을 하다 보니 저절로 눈물이 쏟아졌습니다."

"하하, 내가 어찌 너를 버리겠느냐."

왕은 용양군을 위로한 다음 위나라 안에서 미인의 소문을 내는 자는 엄벌에 처하겠다는 포고령을 내렸다.

측근은 아부한다 | 군주를 시종하는 신하가 곁에서 아부하는 효과는 그야말로 엄청나다. 그들은 자신의 허물을 군주에게 떠넘기는 데 천부적인 능력을 발휘한다. 그런 자들이 곁에 포진하고 있는 한 공자 같은 현인이나 서시 같은 미인이라도 군주의 눈에 띌 리 만무하다. 천행으로 그들이 군주와 대면한다 해도 오래 버티기 힘들다. 인의 장막에 둘러쳐진 군주는 온갖 감언이설에 젖어 있게 마련이고, 그들의 사소한 실수를 간과하지 않는다. 그들은 빗줄기 같은 모함의 칼날에서 살아남아야 하기 때문이다. 실로 한 나라에 걸출한 인재가 발탁되기란 숲에서 물고기를 잡는 것보다 어렵다.

용양군은 동성애 상대였던 위나라 왕이 미인을 구하고 있다는 소문을 듣고 교묘한 연출과 연기를 통해 자신의 위치를 지켜냈다. 이러한 연출의 힘은 개인적으로나 사회적으로 커다란 힘을 발휘한다. 석양이 어우러진 해변에서 사랑을 고백한다든지 첨단 제품을 전시해놓은 자리에서 구매자를 설득하는 것이 모두 이에 해당한다. 연출은 당신의 화술을 극대화하는 실전적인 무기다. 여기에는 상대의 성격과 취향, 습관 등 다양한 정보가 뒷받침되어야 한다.

공을 세우고 받은 것은 뇌물이 아닙니다
—순우곤의 항변

무엇이 나라를 이롭게 하는가

제나라가 위나라를 공격하려 했다. 다급해진 위나라 왕은 제나라의 유세객 순우곤에게 보옥 두 쌍과 무늬가 있는 말 여덟 필을 선물하며 제나라 왕이 마음을 바꾸게 해달라고 부탁했다. 순우곤은 서둘러 제나라 왕을 찾아갔다.

"전하, 여태까지 정황을 보면 제나라의 원수는 초나라지 위나라가 아닙니다. 전하께서는 왜 자기편을 치고 원수가 연명할 기회를 주십니까? 이번 싸움은 실로 명분이 추하고 내실조차 없습니다."

순우곤의 설득에 공감한 제나라 왕은 곧 위나라 공격을 포기했다. 그런데 한 빈객이 제나라 왕에게 순우곤이 위나라 왕에게서 뇌물을 받은 사실을 고해바쳤다. 분개한 제나라 왕이 그를 벌하려 하자 순우곤이 항변했다.

"제나라가 위나라를 치는 것이 현명하다면, 그것을 간하는 저를 위나라 사람이 칼로 찔러 죽인다 해도 그들에게는 아무런 이득이 되지 않습니다. 반대로 그것이 현명한 방법이 아니라면 위나라 왕이 제게 선물을 주었다고 해서 전하에게 해가 될 것이 없습니다. 전하께서는 제 말을 듣고 위나라를 공격하려던 계획을 포기함으로써 자기편을 쳤다는 천하 제후들의 비난에서 벗어났고, 위나라 역시 멸망할 걱정에서 벗어났으며, 백성은 병란의 재난에서 벗어났습니다. 저는 공을 세운 대가로 구슬과 말을 얻은 것뿐인데, 대체 전하께 해가 된 것이 무엇입니까?"

순우곤의 말을 들은 제나라 왕은 그를 추궁하지 못했다.

욕망 | 사람의 행동에 대한 평가에는 늘 상반된 요소들이 숨어 있다. 때문에 지혜로운 이들은 어떤 상황에서도 자신을 방어할 무기가 있다. 순우곤은 대가를 바라고 유세했지만, 좋은 결실을 맺었다는 이유로 자신의 허물을 합리화했다. 그가 처벌을 피했으나 현인이라는 이름을 얻지 못한 것은 그의 행동이 이익을 탐하는 상인의 행동과 다름없기 때문이다.

공자의 고향인 취푸曲阜에 있는 공부孔府의 후원 담장에는 '탐貪'이라는 상상의 동물이 그려져 있다. 탐은 용의 머리에 개의 몸, 원숭이의 꼬리, 기린의 피부, 소의 발굽이 결합된 모습이다. 자세는 포효하는 호랑이나 사자 같다. 이처럼 강력한 포스를 자랑하는 탐은 과욕을 부려 태양을 집어삼키려다 죽었다. 공자의 자손들은 안채에서 밖으로 나갈 때면 꼭 이곳을 지나면서 "그대는 지나친 욕심을 부리지 말라公爺過貪了"고 외쳤다고 한다. 자손들의 안분지족安分知足을 바란 공자의 뜻이 벽화에 고스란히 담겼다.

무릇 한 사람이 목표를 향해 나아가는 과정에서 극복해야 할 장애물 중 하나가 탐욕이다. 순간의 작은 성취에 집착하는 것도, 하찮은 이익에 자신을 맡기는 것도 탐욕 때문이다. 그것은 중요한 순간에 올바른 결정을 방해하고, 더 커다란 성공을 저지하며, 자신의 명예까지 끌어내린다. J. P. 모건의 명언을 가슴에 담아두기 바란다.

"인간의 행위에는 두 가지 이유가 있다. 하나는 그럴듯하게 포장된 이유, 다른 하나는 진실한 이유다."

나는 참으로 만족한다
—전단의 공을 빼앗은 양왕

민심은 조종된다

기원전 284년 제나라가 연나라의 공격을 받아 대패하고, 민왕이 거 땅으로 달아나다가 탁치의 칼날에 목숨을 잃었다. 얼마 후 전단田單이 즉묵卽墨에서 연나라 군대를 격파함으로써 제나라는 도읍 임치를 되찾았다. 그때 태자는 전단이 왕이 되려는 야심이 있지 않은가 의심했다.

"분명 전단이 왕위에 오를 거야."

제나라 백성 또한 전단이 스스로 왕위에 오를 것이라고 믿었다. 하지만 전단이 자신을 낮추어 재상이 되었으므로 태자는 간신히 왕위를 이어받을 수 있었다. 그가 양왕이다.

어느 추운 겨울날 전단이 치수를 지나는데, 한 노인이 맨발로 물을 건너다 동상에 걸려 모래톱에 주저앉아 있었다. 전단은 그를 측은히 여겨 자신이 입고 있던 가죽옷을 벗어주었다. 그러자 백성은 너나없이 전단의 선행을 칭송했다. 그 이야기를 전해 들은 양왕은 기분이 몹시 나빴다.

"전단이 동상에 걸린 노인을 동정한 것은 제나라를 통째로 집어삼키려는 속셈이 있기 때문이다. 빨리 무슨 조치를 취하지 않으면 내가 위험해지겠다."

양왕이 이렇게 중얼거렸지만 동조하는 신하가 한 사람도 없었다. 그런데 당하에 신하 관주가 홀로 앉아 있었다. 양왕이 그를 가까이 불러 물었다.

"내 말을 들었는가?"

"그렇습니다."

"그대의 생각은 어떠한가?"

"전하께서는 재상의 선행을 자신의 것으로 바꾸기만 하면 염려할 일이 아닙니다."

양왕이 미간을 찌푸리며 다시 물었다.

"그게 무슨 뜻인가?"

"전단의 선행을 칭찬하는 조서를 내리십시오. '내가 굶주리는 백성이 있을까 염려하자, 재상 전단이 그들을 수용해 먹여주었다. 내가 동상에 걸린 백성이 있을까 걱정하니, 전단이 자기의 가죽옷을 벗어주었다. 나는 이와 같은 재상의 처사에 참으로 만족한다'고 말입니다. 전단의 선행 소식이 들릴 때마다 이렇게 칭찬해주면 그 선행은 곧 전하의 업적이 될 것입니다."

며칠 뒤 관주가 양왕에게 다시 조언했다.

"전하께서는 연회를 열어 모든 신하가 보는 앞에서 재상의 노고를 따뜻하게 위로하고, 그에게 명하여 추위와 허기에 시달리는 백성을 돌보도록 하십시오."

양왕이 그 말대로 시행한 다음, 사람을 놓아 항간의 민심을 알아보니 백성은 삼삼오오 모이기만 하면 이렇게 떠들었다.

"전단의 선행은 알고 보니 모두 임금님 덕분이다."

신의 향기 | 어느 사람이 유목민에게 물었다.

"당신은 어떻게 신의 존재를 알 수 있는가?"

그러자 유목민이 반문했다.

"당신은 동이 트는 것을 보기 위해 횃불을 피웁니까?"

상처 난 호랑이도 호랑이입니다
—혜문왕과 진진의 대화

계획에 현혹되면 실패한다

초나라가 제나라와 국교를 단절하자, 화가 난 제나라에서 군대를 동원하여 초나라를 공격했다. 이때 초나라에 머물던 진진이 초나라 왕에게 진언했다.

"전하께서는 동쪽의 땅을 제나라에게 나누어주고 화친을 도모하십시오. 그렇지만 서쪽의 진나라와도 가깝게 지내야 하니 사신을 보내 달래야 합니다."

"그렇다면 그대가 진나라에 다녀오시오."

진진은 초나라의 외교사절 신분으로 진나라에 파견되었다. 이때 진나라 혜문왕은 초나라나 제나라 어느 편도 들지 않았는데, 진진이 나타나자 짐짓 의심스런 표정으로 말했다.

"그대는 진나라 사람으로 나와 교분을 맺은 지 오래인데, 불민한 나를 돕지 않고 초나라에 머무르니 안타깝소. 지금 초나라와 제나라가 싸우는데 진나라의 신하들은 어느 편을 들지 의견이 분분하오. 그대는 초나라를 위해 일하지만 옛정을 생각하여 내게 조언을 해주시오."

혜문왕의 말에 진진이 대답했다.

"전하께서는 초나라 왕을 섬기던 오나라 신하의 이야기를 들으셨을 것입니다. 초나라 왕은 그를 매우 총애했지만 그 신하는 얼마 지나지 않아 병석에 누웠습니다. 그러자 초나라 왕은 그가 오나라에 돌아가고 싶어 향수병에 걸렸다고 생각하고, 사람을 보내 상태를 알아보았습니다. 신하의 측근들은 '그가 정말 향수병에 걸렸다면 오나라 노래라도 흥얼거릴 테지만 그렇지 않다'고 항변했습니다. 그리하여 초나라 왕은 그에 대한 의심을 털어버렸습니다."

"그런 일이 있었는가?"

"그렇습니다, 전하. 저 역시 초나라에서 일하지만 고향이 그립지 않을 턱이 없습니다. 그런데 지금 전하께서는 관여의 말을 믿고 터무니없이 저를 의심하십니다."

"그렇지 않네."

혜문왕이 부정하자 진진은 빙긋이 웃으며 말을 이었다.

"지금 전하의 고민은 바로 이것입니다. 호랑이 두 마리가 사람을 앞에 놓고 싸우는데, 이것을 본 다른 사람이 창으로 호랑이 두 마리를 찔러 죽이려 하자, 관여가 '호랑이란 사납고 영명한 야수다. 지금 두 마리가 사람을 먼저 잡아먹으려고 싸우면 작은 편이 죽고 큰 편은 상처가 나는 것은 정한 이치다. 그 기회를 기다려 창으로 찌르면 한 번에 호랑이 두 마리를 잡을 수 있다'며 말리는 것이지요."

"흠, 자네는 상황을 제대로 읽고 있군."

"하지만 아무리 상처 난 호랑이라도 잘못 공격했다간 낭패를 보기 십상임을 아셔야지요. 오히려 그들이 계속 싸워 둘 다 지치게 하는 것이 상책입니다."

"그렇다면 우리가 어찌 해야 한단 말인가?"

"지금 제나라와 초나라의 전쟁은 승세가 초나라 쪽으로 기울고 있습니다. 전하께서는 제나라가 완전히 패하지 않을 만큼 원군을 보내주십시오. 그러면 진나라는 향후 초나라와 부딪혀 당할 위험과 손해를 피할 수 있습니다."

혜문왕이 자신의 말에 귀를 기울이자, 진진은 마지막으로 이렇게 말하고 진나라를 떠났다.

"신하들이 어떤 계획을 세울 때 그 일의 위험을 판단하고 결정하는 것은 오직 전하라는 사실을 명심하십시오. 계획을 세우는 일은 쉽지만 그 옳고 그름을 판단하는 것이야말로 정치의 근본이며, 나라의 존망을 결정하는 중대사입니다. 저는 여태까지 계획을 잘못 세우거나 말을 잘못 헤아린 군주가 나라를 잘 지켰다는 말은 들어본 적이 없습니다. 그러므로 예부터 '계획이란 1차, 2차, 3차 등으로 계속 물샐틈없이 만들어야 상대방이 교란하기 어렵고, 근본을 잊지 않는 판단은 현혹하기 어렵다'고 한 것입니다."

진실하게 행동하라 | '자신을 굽힐 줄 아는 사람은 중요한 지위에 오를 수 있고, 다른 사람을 굴복시키기 좋아하는 사람은 반드시 적을 만난다.'

송나라 때의 처세서 《경행록景行錄》에 나오는 말이다. 모든 사람은 장점을 펼쳐 보이고, 단점은 되도록 감추고 싶다. 하지만 손바닥으로 하늘을 가릴 수 없는 법, 모든 진실은 백일하에 드러나게 마련이다. 그러므로 장단점을 조정하여 어떤 일을 도모하려는 시도는 모두 부질없다.

중요한 것은 진실한 행동이다. 자신을 상대에게 활짝 내보임으로써 당당하게 목표를 향해 나아갈 수 있다. 칭찬이나 질책을 받을 때도 마찬가지다. 익은 벼가 고개를 숙이듯 높은 자리에 있을 때 겸손하고, 낮은 자리에 있을 때 뿌리를 단단히 하려는 노력이 수반될 때 비로소 '된 사람'으로 인정받을 수 있다.

나는 지금 죽고 싶습니다
―범수를 옭아맨 동오

내심이 드러나면 외로워진다
한나라 군대가 진나라를 공격해 재상 범수의 봉읍인 여남 땅을 점령했다. 그러자 진나라 소양왕이 범수를 불러 위로했다.
"그대는 봉읍을 잃어 몹시 울적하겠군."
한데 범수는 대수롭지 않은 표정으로 대답했다.
"소신은 아무렇지도 않습니다."
"어째서인가?"
"위나라에 동문오라는 사람이 있었습니다. 어느 날 그가 사랑하는 아들이 죽었는데도 별로 애통해하는 기색이 없었습니다. 그래서 집사가 물었지요. '공은 세상에서 보기 드물 정도로 자식을 귀여워했습니다. 그런 자식이 죽었는데 어찌 그리 태연하십니까?' '나는 자식이 없었을 때도 울적하지 않았지요. 지금 아들이 죽었지만 이렇게 되니 자식이 없었을 때와 무엇이 다르겠소?' 세상사가 이와 같은데 소신이 땅 한 뼘 잃었다고 해서 울적하겠습니까? 소신도 이전에는 위나라의 식객이었습니다. 그때는 울적하지 않았는데 지금 여남 땅을 잃었으니 과거 식객으로 있을 때와 무엇이 다르겠습니까?"

소양왕은 범수의 대범한 태도에 감탄했다. 하지만 좀처럼 그의 말이 믿기지 않은 소양왕은 어느 날 장수 몽오를 불러 물었다.

"나는 성 하나를 포위당한 것만으로도 입맛이 떨어지고 잠자리도 편치 않다. 그런데 재상은 자기 땅을 잃고도 태연하다. 그게 과연 재상의 진심일까?"

"제가 그의 진심을 알아내도록 하겠습니다."

범수를 시기하던 몽오는 얼마 후 그를 찾아가 너스레를 떨었다.

"저는 요즘 죽고만 싶습니다."

"아니, 왜 그러십니까?"

"재상은 전하께서 스승으로 섬길 만큼 큰 어른입니다. 하지만 저는 겨우 전하의 은총을 받아 일단의 군사를 통솔할 정도입니다. 생각해보니 조그만 한나라 따위가 보복을 두려워하지 않고 재상의 봉읍을 빼앗았으니 괘씸하기 그지없습니다. 그 땅을 되찾지 못한다면 저 같은 사람의 땅이야말로 제후들의 노리개가 되지 않겠습니까? 그런 생각을 하다 보니 최근에는 아무런 의욕도 없습니다."

그러자 범수가 그를 달랬다.

"그건 장군만의 생각이 아니니 마음을 평온히 다스리십시오. 저도 잃어버린 여남 땅을 되찾고 싶은 마음이 굴뚝같지만, 그것만으로 거병하기에는 명분이 서지 않기 때문에 가만히 있는 것입니다. 장군께서 그런 생각이라면 저를 위해 힘을 좀 써주시겠습니까?"

그 말을 들은 몽오는 쾌재를 부르며 소양왕에게 달려가 범수의 내심을 고해바쳤다. 그로 인해 진나라에서 범수의 입지는 크게 좁아졌다. 범수가 아무리 한나라를 도모할 방책을 진언해도 소양왕은 귀 기울이지 않았다. 범수가 잃어버린 여남 땅을 되찾기 위한 구실을 찾는 것이라고 여겼기 때문이다.

가장 중요한 것 | 범수의 일화에서 우리는 아무리 진실이 담긴 말이라도 상황에 따라 지독한 거짓말이 될 수 있다는 것을 알았다. 경쟁자 몽오는 살을 내주고 뼈를 취하는 병법을 응용하여 범수의 마음 깊은 곳에 있는 아쉬움을 표현하게 만들었고, 이를 소양왕에게 보고하여 신뢰를 잃도록 했다.

범수는 오래도록 진나라의 재상으로 봉직하면서 수많은 공적을 세웠지만, 뜻하지 않은 말실수 하나로 오래도록 가슴을 쳤을 것이다. 말은 보이지 않는 칼날이다. 《장자》의 말에 대한 경고는 그래서 더욱 현실적이다.

'말이란 진실에서 시작되어 거짓으로 끝난다. 시작은 간략하지만 끝 무렵에 이르면 반드시 엄청나게 불어난다.'

개떼에게는 뼈다귀를 던져주십시오

―범수의 이간책

돈 앞에 성인 없다

천하의 책사들이 연합하여 진나라를 공격할 계책을 세우기 위해 조나라에 모여들었다. 그 소식을 듣고 진나라 왕이 근심하자 재상 범수가 위로했다.

"걱정하지 마십시오. 저들이 진나라를 공격하지 못하도록 조치하겠습니다. 본래 진나라는 책사들에게 원망을 사지 않았습니다. 그런데도 저들이 합심하는 것은 부귀영화에 눈이 멀었기 때문입니다."

"하지만 저들이 지혜를 모아 공격한다면 우리로선 감당하기 힘들지 않겠소?"

"물론 그렇습니다만 해결책은 간단합니다. 저기 당하에 있는 개들을 보십시오. 누워 있는 개, 일어나 있는 개, 걷는 개, 오뚝 서 있는 개 등 각양각색이지만 싸우는 개는 한 마리도 없습니다. 그러나 저들 사이에 뼈다귀를 하나 던져주면 당장에 일어나 물고 뜯는 것은 무슨 까닭이겠습니까? 그 뼈다귀에 욕심이 생기기 때문입니다. 마찬가지로 우리가 조나라에 모여든 책사들에게 뼈다귀를 던져주면 문제는 곧 해결될 것입니다."

범수는 곧 백관 중에서 악기에 정통한 당수란 인물을 선발하여 조나라로 보냈다. 당수는 범수가 내어준 오천 금을 가지고 조나라의 무안에 거처를 잡은 다음, 수시로 연회를 베풀어 책사들과 함께 즐겼다. 당수는 범수의 계책에 따라 진나라에 호의적인 책사들과는 의형제를 맺으면서 우의를 다지고 아낌없이 돈을 풀었지만, 진나라에 적대적인 책사들에게는 고린전 한 푼도 내주지 않았다. 그 결과 조나라에 모여든 책사들은 당수가 삼천 금도 다 쓰기 전에 뼈다귀를 사이에 둔 개떼처럼 다투어 그들의 단합은 일거에 깨지고 말았다.

뇌물이 필요한 이유 | 조선 시대에 중국으로 파견된 외교관들이 여비 외에 반드시 챙겨야 할 물건이 있었다. 그것은 바로 인정人情이라 부르던 뇌물이다. 무기력한 변방의 관리들이 중국의 콧대 높은 관리들을 구워삶는 방법은 그것뿐이었다. 조선의 양반들은 날마다 인정을 나누면서 서로 우의를 다졌고, 권력자와 부자들 역시 인정을 통해 정경유착을 강화했다. 오늘날 '배고픈 소크라테스보다 배부른 돼지가 낫다'는 말이 인구人口에 회자膾炙되는 것은 고매한 인정을 나누지 못하고 간신히 떡이나 나누던 백성의 자괴감이 식지 않았다는 증거일 것이다. 상대를 내 편으로 끌어들이려면 달콤한 말 한 마디보다 엽전 한 닢을 던져주는 것이 낫다. 일찍이 그

런 인간의 성정을 꿰뚫어본 범수는 당수를 조나라에 보내 천하의 책사들을 분열시키는 데 성공했다.

지혜롭고 달변인 사람들이 왜 돈에 욕심이 많은가. 그들은 유능한 만큼 세상에서 자기 능력을 인정받고 그만한 대가를 누리고 싶어하기 때문이다. 달변과 허영은 사촌지간이다. 이런 현상은 시대를 초월하여 유전되는 고약한 진리인 모양이다. 러시아의 대문호 톨스토이마저 이렇게 탄식했으니 말이다.

"허영심이 많은 인간은 남에게 칭찬받기를 좋아한다. 그러나 남에게 칭찬받기 위해서는 남이 인정하도록 해야 한다. 세상 사람들은 자기 마음에 드는 것을 좋다고 여기는 법이다. 그러니 남에게 잘 보이려면 그 사람의 마음에 들도록 해야 한다. 결국 허영심을 만족시키려는 것만큼 어리석은 짓은 없다."

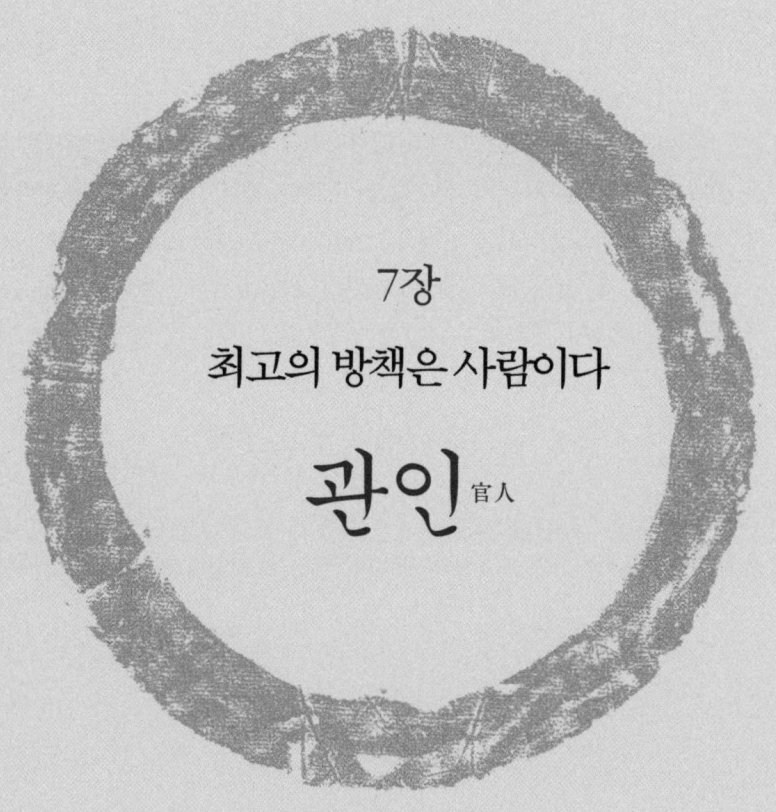

7장
최고의 방책은 사람이다
관인 官人

바보가 마지막에 하는 일을 현자는 처음에 한다.
R. C. 트렌치R. C. Trench

네가 지금 길을 잃어버린 것은 네가 가야 할 길이 있기 때문이다.
프랑스 속담

미래는 자기 꿈의 아름다움을 믿는 사람들의 것이다.
엘리너 루스벨트Eleanor Roosevelt

항상 갈망하고 바보짓을 두려워하지 마라.
스티브 잡스Steve Jobs

모든 사람들이 세상을 바꾸겠다고 생각하지만
아무도 자신을 바꿀 생각은 하지 않는다.
레프 니콜라예비치 톨스토이Lev Nikolaevich Tolstoy

집안이 가난해지면 좋은 아내가 생각나고,
나라가 어지러워지면 훌륭한 재상이 그리워진다.
사마천司馬遷

일곱 명이 많은 것이 아닙니다
―순우곤의 다다익선

현인은 많다

순우곤이 제나라 선왕에게 현인 일곱 명을 추천했다. 그러자 선왕이 반색을 하면서 말했다.

"그동안 나는 주변에서 좀처럼 현인이라 할 만한 사람을 찾아볼 수 없었습니다. 본래 현인이란 천하를 뒤져도 한 사람 나올까 말까 하며, 그 가운데 성인은 백대에 걸쳐 한 사람이 나와도 많다고 들었습니다. 그런데 그대는 하루에 일곱 명이나 추천했으니 이는 너무 많은 것이 아니오?"

그러자 순우곤이 대답했다.

"아닙니다. 새는 날개가 똑같은 것끼리 모이는 법이며, 짐승도 발이 똑같은 것끼리 어울립니다. 그리고 금시호나 도라지같이 산에서 나는 약초를 습지에서 찾아내려 하면 몇 대가 지나도 도저히 얻을 수 없지만, 고서·양택이라고 하는 산의 북쪽으로 가면 짐수레에 넘치도록 많이 캘 수 있습니다. 이처럼 사물은 종류가 같은 것들이 모이는 법인데, 저는 현사와 같은 부류의 사람입니다. 그러므로 전하께서 훌륭한 인물을 바란다면 강에서 물을 풀 만큼, 부시와 부싯돌을 써서 불을 일으킬 만큼 얼마든지 소개해드릴 수 있습니다. 일곱 명이 결코 많은 것이 아닙니다."

적재적소適材適所 | 제나라 선왕은 순우곤이 현인을 일곱 명이나 추천하자 반갑기도 하고, 의심스럽기도 했다. 그러자 순우곤은 진정으로 원한다면 현인을 강가의 모래알만큼이라도 찾아줄 수 있다고 말한다.

성경에서는 '구하라, 얻으리라. 찾으라, 찾으리라. 문을 두드려라, 열릴 것이다'라고 했다. 물에 가서 고기를 구하고, 산에 가서 나무를 구한다면 이루지 못할 일이 없다. 사람들이 물에 가서 나무를 찾고, 산에 가서 고기를 찾으니 실패를 거듭하는 것이 아니겠는가. 순우곤은 인간의 무지를 현인이라는 존재에 비유하여 통박하고 있다.

왜 일 잘하는 공인에게
맡기지 않습니까?

―위모의 직언

용인과 치국의 비결

조나라에서 건신군이 왕의 신임을 얻어 정사를 좌지우지할 때의 일이다. 당시 백성에게 존경을 받던 위모(魏牟)가 효성왕의 초청으로 궁궐에 들어갔다. 위모가 효성왕에게 예를 갖추고 제자리로 돌아오는데, 바닥에 비단 조각이 쌓였고 한 공인이 그것을 이어 붙이며 열심히 관(冠)을 만들고 있었다. 왕은 그 상황이 현인과 이야기를 나누기에는 어울리지 않는 분위기인지라 공인을 내보내고 위모에게 물었다.

"현인께서 부덕한 저를 찾아주시니 감읍할 따름입니다. 부디 천하를 안정시킬 방책을 들려주십시오."

효성왕의 질문에 위모는 눈매를 찡그리며 대답했다.

"그건 어렵지 않습니다. 전하께서 여기 쌓인 비단 조각만큼이라도 백성을 아낄 수 있다면 나라는 자연히 잘 다스려질 것입니다."

그 말을 자신에 대한 힐난으로 인식한 효성왕은 얼굴을 붉히며 받아쳤다.

"선왕인 혜문왕께서는 나의 어리석음을 알아보지 못하고 사직을 맡기셨소. 하지만 내가 무엇 때문에 백성을 이 비단 조각처럼 소홀히 취급하겠소?"

왕이 자신의 말을 곡해했다고 생각한 위모는 옷깃을 여미고 정중하게 말했다.

"제발 노여움을 거두고 제 말에 귀 기울여주십시오. 어찌하여 전하께서는 숙위를 관장하는 낭중郎中에게 비단 조각을 이어 관을 만들도록 명하지 않습니까?"

"낭중이 어찌 관 만드는 법을 알겠소?"

"생각해보십시오. 낭중이 관을 만들다가 잘못하여 비단 조각을 상하게 한다 해도 나라에는 아무런 해를 끼치지 않습니다. 그런데 전하께서는 전문적으로 관을 다루는 공인에게 그 일을 맡기고 있습니다. 이는 분명히 제작 과정에서 실수가 없도록 하기 위함이 아닙니까?"

"그렇소."

"관리가 아니라 천하를 다스리는 공인이 실수해서 뜻밖의 일을 당한다면 어떻게 될까요? 사직은 폐허가 되고 돌이킬 수 없는 결과를 빚지 않겠습니까? 최근 전하께서는 그 일을 제일 잘하는 공인이 아니라 나이 어린 건신군에게 맡기고 있습니다. 뿐만 아닙니다. 일찍이 선왕께서 서수에 행차하셔서 마복군을 부마로 삼자, 진나라는 그 예봉이 무서워 감히 맞서려고도 하지 않았습니다. 그런데 지금 전하께서는 건신군을 가마에 태우고 다니며 강한 진나라와 경쟁하려 하고 있습니다. 소신은 곧 진나라가 그 가마의 횡목을 꺾어버리지 않을까 심히 걱정스럽습니다."

효성왕은 낯이 일그러졌지만 아무런 대꾸도 하지 못했다. 🏵

경청의 효과 | 공자는 말하는 입보다 듣는 귀를 중요시한 인물이다. 그는 "성인은 말 한 마디로 그 사람의 가치를 판단하는 일이 없다. 또 하잘것없는 사람의 말이라고 해서 그 말을 함부로 흘려듣지도 않는다"며 경청의 미덕을 강조했다. 마이클 J. 로즈는 《단순하지만 빛나는 지혜》에서 경청이 얼마나 소중한지 일깨운다.

'귀 기울여 듣는 힘은 매우 간단하다. 우리가 정말로 강물, 음악, 폭포수, 샘물 소리에 귀 기울인다면 그때 우리는 넉넉하게 그 순간을 사는 것이다. 귀 기울여 듣는 것은 지금의 힘과 연결된다. 그것은 문을 열어보는 것이며, 다른 사람들과 우리 자신, 삶과 새로운 관계를 맺는 것이다.'

미운 중매쟁이도 필요한 법입니다

―소대의 충고

필요악의 효용

연나라 왕이 유세객 소대와 이야기를 나누다가 말했다.

"나는 교활한 말로 남을 속이는 사람이 제일 싫다."

자신에 대해 풍자한 것임을 짐작한 소대는 우회적인 수법으로 연나라 왕을 설득했다.

"예부터 주나라 땅에서는 중매쟁이를 천시하는 풍토가 있습니다. 중매쟁이는 신랑이나 신부 모두 좋다고 떠벌이기 때문입니다. 사정이 어떻든 남자 집에 가면 신붓감이 어여쁘다 하고, 여자 집에 가서는 부잣집 아들이라고 말하니 누가 중매쟁이의 말을 믿겠습니까?"

"그런 중매쟁이라면 나라도 믿지 않겠네."

연나라 왕이 무심결에 맞장구를 치자, 소대는 미소 지으며 말을 계속했다.

"그런데 주나라에는 신랑이나 신부 당사자들끼리 합의해서 혼인하는 풍속이 없습니다. 때문에 중매쟁이가 없으면 처녀들은 혼기가 차도 시집갈 도리가 없습니다. 아무리 미색이 뛰어난 처녀라도 스스로 시집가려 했다가는 손가락질을 받고, 반드시 생으로 늙어 노처녀가 됩니다. 그러므로 주나라에서 중매쟁이는 필요악처럼 존재하는 것입니다."

"그렇겠군."

"한 나라의 일 또한 그와 다르지 않습니다. 때와 장소에 맞추어 일을 꾀하지 않으면 이루어지지 않는 것입니다. 대체로 군주가 아무 일도 하지 않으면서 성공의 결과를 누리게 해주는 것은 군주에게 교활한 말을 하는 신하가 있기 때문입니다."

"듣고 보니 내가 그동안 잘못 생각한 것이 있구려."

그때부터 연나라 왕은 소대에 대한 부정적인 시각을 바꾸었다.

상대방의 귀를 열어라

일을 청렴하게 도모하는 신하가 있는 반면, 그 결과에 대해 아첨하는 신하도 있어야 군주의 공적이 빛난다는 이야기다. 맑은 물에는 고기가 살지 않듯이, 조정에서도 청탁淸濁을 조절해야 백성을 잘 다스릴 수 있다는 것이 소대가 연나라 왕을 설복한 내용의 핵심이다. 토론을 하다 보면 자기 사고방식이나 신념에 확신을 가지고 한 발자국도 물러나지 않는 사람들이 많다. 그들의 입장은 대개 다음과 같이 표출된다.

'내 의견대로 해서 여태 한 번도 실패한 적이 없어.'

'나는 그런 방식을 결코 용인할 수 없어.'

그들은 아무리 합리적인 의견을 제시해도 쉽게 굽히지 않는다. 이런 독불장군 식 태도는 자력으로 성공한 사람이나 고위층에서 흔히 찾아볼 수 있다. 때문에 아랫사람으로서 어지간한 용기가 없이는 설득을 포기하기 십상이다. 하지만 소대와 같이 잘 듣고 상대방 의견의 허점을 주도면밀하게 파악하면 문제는 의외로 간단히 해결된다. 물론 그 허점을 추궁하는 방법이 중요하겠지만, 상대의 자존심을 건드려서는 안 된다. 상대가 쉽게 흥분한다거나 말이 많은 사람이라면 속사포 같은 발언에서 허점을 포착하기 어렵다. 하지만 그 좁은 틈바구니를 비집고 들어갈 수만 있다면 마음을 바꾸기는 그리 어렵지 않다.

무망의 사람이 필요한 때입니다
—주영의 경고

음모

초나라 효열왕은 자식이 없어 늘 후사가 근심이었다. 재상 춘신군이 자식을 잘 낳을 만한 여인을 골라 수시로 궁에 들여보냈지만 아무런 소식이 없었다. 그 무렵 나라 안에 조나라 출신 이원이란 자가 있었는데, 누이동생의 미색이 뛰어났다. 이원은 동생을 궁에 들여보내 권세를 얻고자 했지만 여의치 않자, 춘신군의 가신이 되어 기회를 엿보았다. 얼마 뒤 휴가를 얻어 집에 간 이원은 일부러 기한을 어기고 며칠 늦게 돌아와서 춘신군에게 해명했다.

"제나라 왕이 소신의 누이동생에게 반하여 사람을 보냈기에 함께 술을 마시다 늦었습니다."

춘신군은 이원에게 제나라 왕이 탐낼 만한 누이가 있다는 말을 듣고 마음이 동했다. 그리하여 금방 이원이 내민 미끼를 물었다.

"쌍방 간에 약혼 예물은 교환했는가?"

"아직 교환하지 않았습니다."

"그렇다면 내가 자네의 누이를 돌봐줘도 괜찮겠나?"

"여부가 있겠습니까."

이원의 누이동생은 춘신군의 측실이 되었고, 얼마 지나지 않아 임신을 했다. 한데 그녀는 이원 못지않은 야심가로, 오빠와 짜고 춘신군을 꼬드겼다.

"지금 전하께서는 당신을 형제보다 신임하십니다. 그러기에 20년도 넘게 재상으로 봉직하시는 것이 아닙니까. 하지만 후사가 없는 전하께서 돌아가시면 다른 형제가 등극할 것이고, 그러면 당신의 운명은 어찌 될지 알 수 없습니다."

"과연 그렇구려."

"당신이 요직에 있는 동안 전하의 형제에게 결례를 저지른 일이 한두 번이 아닐 겁니다. 그러니 왕이 바뀌면 닥쳐올 재난이야 눈을 감고도 능히 짐작할 만합니다. 그때가 되면 무슨 방법으로 재상의 자리와 일신의 안위를 도모할 수 있겠습니까?"

"무슨 방법이 없을까?"

춘신군이 한숨을 내쉬며 걱정하자, 그녀는 비로소 내심을 밝혔.

"지금 제가 당신의 아기를 가졌다는 사실은 아무도 모릅니다. 그러니 저를 전하께 바치십시오. 제가 임신했다는 걸 알면 전하는 당연히 저를 총애하실 테고, 아기는 반드시 초나라의 왕이 될 것입니다. 그러면 당신은 초나라를 한 손에 움켜쥘 수 있습니다."

듣고 보니 엄청난 계획이다. 하지만 그녀의 유혹에 휘말린 춘신군에게 다른 선택은 있을 수 없었다. 춘신군은 그날로 이원의 누이를 다른 저택에 머물게 했다가 길일을 택해 효열왕에게 바쳤다. 과연 그녀는 궁에 들어간 지 얼마 되지 않아 사내아이를 낳았다.

효열왕은 늦게 얻은 자식을 귀여워하여 곧 태자로 봉했고, 이원의 누이를 왕후로 삼았다. 태자의 숙부인 이원에게도 높은 벼슬을 주었다. 드디어 뜻한 바가 이루어지자 비밀이 새어나갈 것을 염려한 이원은 은밀히 몇 차례 자객을 보내 춘신군을 주살하려 했지만, 재상가의 경계가 삼엄한지라 성공하지 못했다.

무망의 사람이 필요할 때

5년이 지나 효열왕이 병석에 누웠다. 그때 조나라 출신의 유세객 주영이 춘신군을 찾아가 말했다.

"세상에는 무망의 복도 있고, 무망의 재난도 있습니다. 지금 재상께서는 무망의 세상에 살면서 무망의 군주를 모시고 있습니다. 이런 때는 반드시 무망의 사람이 필요한 법입니다."

"그런 말은 금시초문입니다. 대체 무망의 복이 무엇이오?"

"공께서는 20년 넘게 초나라의 재상으로 일하면서 권세는 왕과 버금가고, 아들 다섯은 모두 제후의 재상입니다. 하지만 지금 전하의 병세가 무거워 내일을 기약하지 못하는 처지가 되었습니다. 태자 역시 병약하니 당신은 곧 어린 왕을 보필할 것입니다. 어쩌면 옛날 이윤이나 주공처럼 국무를 대신 맡다가 어린 왕이 성인이 되면 정사를 돌려주든지, 생각이 바뀌면 초나라를 취할 수도 있겠지요. 이것이 바로 무망의 복이 아니고 무엇이겠습니까?"

"무망의 재난이란 또 무엇이오?"

"지금 왕후의 오빠인 이원은 나라를 다스릴 지위에 있지 않은데도 전하의 처남이라 높은 벼슬을 하며, 장군이 아닌데도 오래전부터 수많은 무사를 기르고 있습니다. 조만간 전하께서 돌아가시면 이원은 반드시 제일 먼저 궁궐에 들어가 왕명을 빙자하여 당신을 죽이고 권력을 틀어쥘 것입니다. 이것이 바로 무망의 재난입니다."

"그렇다면 무망의 사람이 필요하다는 것은 무엇이오?"

"무망의 사람이란 바로 저를 말합니다. 공께서는 저를 궁의 숙위를 담당하는 낭중 벼슬에 임명해주십시오. 그러면 국상이 났을 때 이원이 궁에 들어오는 즉시 죽이겠습니다. 이로써 재상에게는 탄탄대로가 열릴 것입니다."

"그런 허튼소리를 하려거든 다시는 내 집에 출입하지 마라. 이원은 섬약한 인물로 내가 오랫동안 돌봐주었거늘, 어찌 그런 짓을 할 수 있단 말인가."

주영이 간곡하게 말했지만 춘신군은 노성을 지르며 그를 쫓아냈다. 17일 뒤 효열왕이 숨을 거두었다. 과연 주영이 예언한 대로 이원은 제일 먼저 궁에 들어가 은밀한 곳에 무사들을 숨겨두었다. 뒤늦게 소식을 듣고 궁으로 들어가던 춘신군은 무사들의 기습을 받아 목숨을 잃었고, 이어서 집안 가솔까지 남김없이 도륙되었다. 그 결과 이원의 누이동생에게서 태어난 춘신군의 아들이 유왕幽王으로 등극했고, 이원은 초나라의 권력을 틀어쥐었다. 그때부터 초나라의 국력이 쇠약해지기 시작했다.

방관의 효용 | 춘신군은 변변찮은 인연에 얽매인 나머지 자신에게 다가온 절호의 기회를 빼앗기고 비극의 주인공이 되었다. 그가 주영의 현명한 조언에 조금이라도 귀를 기울였다면 만인지상의 위치에 이르렀을지도 모른다. 그의 실패 요인은 사람에 있다. 자신을 이용하려는 사람과 자신을 지켜주려는 사람을 구별하지 못한 원죄가 자신은 물론, 가솔과 나라까지 나락으로 떨어뜨린 것이다.

철학자 맬러리는 선한 사람들이 악한 사람들을 교정하기 위해 어떤 노력도 기울일 필요가 없다고 강조했다. 그들은 자신에 대해 잘 안다. 그것을 밖으로 드러내면 그들은 쓰고 있던 귀찮은 가면을 벗어던지고 여태까지 해온 악행을 노골적으로 범할지도 모른다. 그대로 두라. 그들의 선한 표정은 저절로 일그러진다.

마음에 들지 않더라도
내치지는 마십시오

—현인을 쫓아낸 위 혜왕

잘못된 사람의 우환

위나라 재상 공숙좌가 병이 나서 조정에 나오지 않자, 혜왕이 친히 문병을 가서 물었다.

"재상께서 병이 깊으니 중요한 일이 생기면 어떻게 처결할지 걱정입니다."

그러자 공숙좌가 대답했다.

"신하 중에 공손앙이 현명하니 중요한 일을 판단하는 데 적격입니다. 아무쪼록 그와 함께 국사를 상의하십시오. 혹시 그 사람이 마음에 들지 않더라도 절대로 국경 밖으로 내치시면 안 됩니다."

평소 직간을 잘하는 공손앙을 못마땅하게 여기던 혜왕은 가타부타 대답하지 않았다. 그리고 궁으로 돌아온 다음 측근에게 말했다.

"공숙좌 정도의 현인이 공손앙 같은 자를 추천하다니 정말 실망이다. 현인도 잘못 생각할 때가 있나 보다."

얼마 뒤 공숙좌가 병을 이기지 못하고 숨을 거두었다. 그때 공손앙은 혜왕이 자신을 탐탁지 않게 여기는 것을 알고 즉시 진나라로 갔다. 진나라 효공孝公은 공손앙을 반갑게 맞아들여 중책을 맡겼다. 그때부터 진나라는 날로 강성해지고 위나라는 날로 쇠약해졌다.

넷째 사람 | 네 사람이 사방의 경치를 보기 위해 산에 올라갔다.

첫째 사람은 발에 잘 맞지 않는 새 구두를 신었다. 그는 자기 발을 계속 원망했다.

둘째 사람은 욕심이 많았다. 그는 눈에 보이는 커다란 집과 농장을 보고 군침을 흘렸다.

셋째 사람은 구름을 보고 비가 올까 걱정했다.

넷째 사람은 마음껏 사방을 둘러보았다. 그는 산꼭대기와 산골짜기의 경치가 다르다는 것을 깨달았다.

손해 볼 것이 없다면 이득이 됩니다
—소진의 인재 스카우트 방법

양자강 변 처녀 이야기

진나라 재상 감무가 자리에서 쫓겨나 제나라로 가던 중 함곡관을 지나다가 마침 진나라로 향하던 유세객 소진을 만났다. 한동안 자신의 비참한 현실을 토로하던 감무는 소진에게 물었다.

"당신은 양자강 변에 사는 처녀의 이야기를 들어보신 적이 있습니까?"

"무슨 이야기인데요?"

"양자강 변에 한 처녀가 살았는데, 집이 몹시 가난했습니다. 마을의 처녀들과 밤에 한방에 모여 일할 때도 촛불 하나 장만할 수 없는 처지였습니다. 다른 처녀들이 차츰 그녀를 따돌리더니 결국 쫓아내려고 하자, 그 처녀가 항변했습니다. '나는 초를 장만할 수 없어 매일같이 너희보다 먼저 와서 방을 청소하고 멍석을 깔았다. 그런데 너희는 내 성의를 알아주지 않고 남아도는 불빛을 아까워하느냐? 그 불빛을 내가 좀 쓴다 해서 대체 너희에게 손해 날 것이 무엇이냐? 내가 여기에 있는 것이 이득이라면 훨씬 더 이득인데 왜 나를 쫓아내려는 거냐?' 처녀들이 다시 생각해보니 구구절절 옳은 말인지라 그녀를 내버려두기로 했습니다."

"흠, 이치에 닿는 이야기입니다."

"지금 나는 불민하여 진나라에서 쫓겨난 신세입니다. 아무쪼록 귀하를 위해 제나라에서 양자강 변에 사는 처녀처럼 방을 청소하고 멍석 까는 일이라도 하게 해주십시오."

"알겠습니다. 당신이 제나라에서 후대 받을 수 있도록 왕께 진언하겠습니다."

소진이 흔쾌히 제안을 받아들이자 감무는 안심하고 세나라로 들어갔다.

인재의 가치

감무와 헤어진 소진은 진나라에 도착하자 소양왕에게 말했다.

"감무는 범상치 않은 사람입니다. 그는 진나라에서 2대나 봉직했으므로 효산의 요새는 물론, 산악이나 계곡의 지형에 정통합니다. 그가 제나라에 봉직하며 한나라, 위나라와 동맹을 맺고 진나라에 칼끝을 들이댄다면 어찌하시렵니까?"

"그렇다면 큰일이군요. 무슨 방법이 없겠소?"

"전하께서는 감무에게 정중히 예물을 보내고 후한 녹을 정하여 다시 진나라에 불러들이십시오. 그런 다음 감무가 오면 괴곡槐谷에 살게 하고, 일생 동안 밖으로 나오지 못하게 하십시오. 그러면 천하 제후들도 감히 진나라를 공격할 엄두를 내지 못할 것입니다."

"좋은 생각이오."

소양왕은 소진의 말대로 제나라에 있는 감무에게 상경의 지위를 주고 재상에 봉하겠다며 돌아오라고 청했다. 하지만 감무는 총명한 사람이므로 그 계략을 눈치 채고 꿈쩍도 하지 않았다. 얼마 후 소진은 제나라 민왕을 찾아가 말했다.

"감무는 현명한 인물입니다. 때문에 진나라 왕이 상경의 지위를 주고 재상으로 초빙하려 했지만, 그는 전하의 덕을 감사하고 기대할 뿐 진나라로 돌아가지 않았습니다. 그를 어찌 대우하시렵니까? 전하께서 후대하지 않으면 그의 마음이 흔들릴 것입니다. 감무 같은 인물이 진나라 군대를 지휘하면 이쪽에서는 손쓸 도리가 없습니다."

"그대의 말이 타당하오."

소진의 의견에 수긍한 민왕은 즉시 감무에게 상경의 지위를 주고 제나라 조정으로 불러들였다. 소진은 절묘한 방법으로 감무를 제나라에서 중용하게 만들었다. 진나라는 실수로 쫓아낸 감무가 경쟁국에서 일하는 것을 막기 위해 좋은 조건을 제시하고 유혹했지만, 오히려 그의 가치를 세상에 널리 알리는 꼴이 되었다.

돌이킬 수 없는 말 | 유세객으로 일세를 풍미한 소진은 감무의 위기를 가치 상승의 기회로 만들어주었다. 그는 동주의 낙양 출신으로 장의와 더불어 귀곡 선생 문하에서 종횡학을 배우고 진나라 혜왕에게 연횡

책을 상주했으나 반응이 없자, 강태공의 《음부陰符》라는 책을 공부한 다음 여섯 나라가 진나라에 대항해야 한다는 합종책을 내세워 여섯 나라의 재상에 오른 입지전적 인물이다. 훗날 연나라에서 문후의 부인과 밀통했다가 제나라에서 보낸 자객에게 죽음을 당한 비극의 주인공이기도 하다.

감무처럼 의지할 데 없이 궁지에 몰렸을 때는 당당한 태도만이 살길이다. 저편에서 강력하게 나온다면 이편에서는 더 이상 좌시하지 않겠다는 완강한 자세를 취해야 한다. 그러면 아무리 강한 상대라도 움찔하게 마련이다. 승자들은 결코 공멸을 원치 않는다.

반격의 와중에는 절대로 궤변을 동원하지 마라. 바둑의 연단수처럼 정수로 일관해 이전의 실수를 덮어주는 것이 상책이다. 궤변은 금세 발각된다. 그리하여 믿음을 상실하면 양치기 소년처럼 아무리 진실을 말해도 소용이 없다. 돌이킬 수 없는 말은 자신의 판단이 떳떳하지 못했을 때 돌아오는 진실의 복수다. 그것은 자신과 주변 사람들을 파멸로 이끌기에 충분하다.

그 일에 맞는 사람을 쓰십시오

―한천자의 인물평

때와 장소에 어울리는 사람

진나라 혜왕이 한천자寒泉子에게 말했다.

"지금 제나라의 재상 소진은 잔꾀를 써서 산동의 제후들을 이간질하고, 종약을 맺도록 함으로써 우리 진나라를 고립시키려 하고 있습니다. 조나라는 막강한 국력을 바탕으로 천하를 제패하려는 야심이 있기 때문에 소진을 보내 여러 제후를 만나 종약을 맺는 데 성공했습니다. 하지만 그들이 한데 뭉칠 수 없음은 많은 닭을 한 홰에 나란히 앉힐 수 없는 것처럼 분명합니다. 이런 까닭에 나는 오랫동안 분한 마음을 풀 길이 없었습니다. 이번에 무안군 백기를 보내 제후들을 설득하고, 그 물꼬를 우리 쪽으로 돌리려 합니다."

이 말을 들은 한천자의 안색이 굳어졌다.

"그것은 잘못된 생각입니다. 제후들의 성을 공격하거나 도시를 파괴

하는 전쟁을 벌일 요량이라면 명장 무안군을 보내는 것이 옳습니다. 그러나 나라의 입장을 대변하고 저들과 관계를 원만하게 하기 위한 외교전이라면 객경客卿 장의를 보내야지요. 무슨 일이든 그에 걸맞은 사람이 있는 법입니다. 당금 천하에서 소진의 상대가 될 사람은 장의뿐입니다."

한천자의 충고를 수긍한 혜왕은 마음을 바꾸고 장의를 제후들에게 보내기로 결심했다.

듣는 사람과 함께 한다 | "진실을 전하기 위해서는 두 사람이 필요하다. 하나는 그것을 말하는 사람이요, 다른 하나는 그것을 듣는 사람이다. 진실을 전하는 유일한 방법은 사랑을 담아 말하는 것이다. 사랑이 담긴 말이 호소력이 있다. 명분만 앞세운 말은 사람을 불편하게 만든다."

숲의 사상가 헨리 데이비드 소로의 말이다. 진나라 혜왕은 소진의 합종책으로 고립 위기에 처하자, 자국의 무력을 상징하는 장수 백기를 파견하여 힘으로 제후들을 강압하려 했다. 하지만 한천자는 왕의 섣부른 행동을 제어했다. 당대의 걸출한 유세객 소진을 상대하려면 장의가 제격이라는 사실을 깨닫게 해준 것이다.

이는 무력이 지모를 이길 수 없고, 칼이 붓을 넘을 수 없다는 불변의 이치를 설파한 셈이다. 다행히 혜왕에게는 한천자의 고언을 받아들일 만한 이성이 있었다. 진나라가 괜히 천하를 통일한 것이 아니다. 그런 현명함이 대를 이어 유전되었기 때문이다.

물속의 준마는
물고기를 따르지 못합니다

―노중련의 인재론

인물의 효용

제나라의 맹상군이 언젠가 식객 한 사람이 마음에 들지 않아 내쫓으려 했다. 그러자 같은 식객 노중련이 말했다.

"원숭이도 물에서는 고기나 자라를 이길 수 없으며, 준마도 험한 곳을 넘는 데는 몸이 가벼운 여우나 너구리에 비할 수 없습니다. 옛날 노나라의 검객 조말이 석 자나 되는 검을 들고 휘두르면 100만 대군도 당해내지 못했지만, 그에게 괭이나 호미를 주고 논밭에 서게 하니 서투른 농부조차 이기지 못했습니다. 이처럼 무엇이든지 장점을 버리고 단점에 서면 요와 같은 성인이라도 다른 사람에게 미치지 못하는 데가 있습니다. 주군께서 지금 사람을 쓰는 데 도움이 되지 않는다고 불초不肖라 하고, 사람을 가르쳐도 깨닫지 못한다고 우둔愚鈍하다고 합니다. 우둔하여 단념하고 불초라 하여 버린다면, 그들에게 원망을 듣고 보복을 당하는 일이 생길지도 모릅니다. 그러면 그를 버린 일이 세상에 불인(不仁)을 세운 것이라고 하지 않겠습니까?"

간곡한 노중련의 설득에 맹상군은 마음을 돌리고 그 식객을 내버려 두었다.

누가 인재인가 | 아무리 쓸모없어 보이는 나뭇조각이라도 경우에 따라 도둑을 잡는 부지깽이가 될 수 있는 법이다. 노중련은 맹상군에게 미욱해 보이는 사람이라도 어진 마음으로 감싸면 반드시 쓸모가 있다는 점을 강조했다.

한때 맹상군의 식객이던 노중련은 제나라 사람으로, 평생 벼슬을 마다하며 살았다. 노년에 평원군이 천금을 보내 장수를 축하했으나 돌려보냈고, 전단이 제왕에게 청해 작위를 주려고 하자 이를 피해 어촌으로 내려갔을 만큼 청렴한 인물이다.

맹상군은 이와 같은 식객들의 조언을 경청하여, 그의 집에는 늘 식객들로 가득했다. 맹상군은 그들의 능력을 활용해 나라를 잘 다스렸고, 개인적으로 절체절명의 위기를 넘긴 적이 한두 번이 아니다. 그의 용인술이 수천 년이 지난 오늘날까지 주목받는 것도 이 때문이다. 어떻게 사람을 쓸까? 성공을 꿈꾸는 사람이라면 사디의 말에 귀 기울여야겠다.

"비록 그 사람의 행위가 말에 따르지 않는다 해도 학문이 있는 사람의 말에는 귀를 기울여라. 인간은 벽에 있는 낙서 한 줄을 읽더라도 뭔가 배울 점을 찾지 않으면 안 된다."

정치인은 상인을 따르지 못합니다

―희사의 비아냥거림

누가 더 비싸게 파는가

유세객 희사가 조나라의 실력자 건신군을 찾아갔다. 조정에서 문신후와 경쟁하던 건신군은 몹시 속상한 표정으로 그에게 울분을 토로했다.

"문신후의 결례가 이만저만이 아니다. 진나라의 압력으로 그를 조정에 불러들일 때 나는 거리낌 없이 재상의 반열인 오대부五大夫의 작위를 주도록 힘썼다. 그런데 문신후는 인사는커녕 공개적으로 나를 비웃고 있다."

그러자 희사가 조용한 목소리로 말했다.

"요즘 정치하는 분들은 상인을 따르지 못하는군요."

"그게 무슨 소린가? 그대는 정치인보다 상인을 높인다는 말인가?"

"그게 아닙니다. 본시 수완 좋은 상인은 손님과 물건을 흥정할 때 값을 다투지 않고 시기를 엿보는 법입니다. 값싼 시기에 사면 비싸게 사더라도 값싸고, 비싼 시기에 팔면 값싸게 팔았다 해도 비싸게 판 셈입니다. 옛날 문왕은 유리羑里에 구금되었고 무왕은 옥문玉門에 얽매였습니다만, 결국 주紂의 목을 베어 태백기太白旗에 올린 것은 오로지 무왕의 공훈입니다. 지금 당신께서는 문신후와 다투면서도 때를 헤아리지 못하고 그 사람이 예를 저버렸다고 책망만 하고 있습니다. 나라의 앞날을 생각할 때 어찌 걱정스럽지 않겠습니까."

지도자의 초상 | 누가 세상을 어지럽히는가. 국정은 아랑곳하지 않고 사사로운 다툼으로 날을 지새우는 정치꾼들에게는 희사의 조소조차 홍모鴻毛처럼 가볍게 느껴진다. 진정으로 백성을 사랑하고 위로하는 지도자는 어디에 있는가. 미국 대통령 프랭클린 루스벨트는 한 강연에서 2차 세계대전을 회고하며 탄식했다.

"그때 나는 전쟁을 보았습니다. 나는 땅과 바다에서 전쟁을 보았습니다. 나는 부상자들이 흘리는 피를 보았고, 진흙 속에 묻힌 시체도 보았습니다. 나는 상이군인 200명이 걸어 나오는 것을 보았고, 1000명이 넘는 생존자들이 행군하는 것도 보았습니다. 나는 굶주린 아이들을 보았으며, 어머니와 아내들의 눈물도 보았습니다. 아아, 나는 이와 같은 전쟁이 정말 싫습니다."

마음에서 우러난 고백은 국민을 감동시키지 않을 까닭이 없다. 정치인이 상인보다 존경받는 시대에 살고 싶은 마음은 언제까지나 희망으로 남을까.

여우를 살려 보내선 안 됩니다

―강을의 출세 작전

여우와 호랑이

초나라 선왕이 몇몇 신하들이 모인 자리에서 물었다.

"북방의 여섯 나라가 모두 우리나라의 재상 소해휼을 두려워한다는데 사실이오?"

이에 선뜻 대답하는 사람이 없었다. 그러자 위나라 출신 강을이 나섰다.

"전하께서는 이런 이야기를 들어보신 적이 있습니까? 어느 날 호랑이가 숲 속의 여우를 잡았습니다. 그런데 여우가 '나는 하느님에게 백수의 왕으로 임명되었으니 나를 잡아먹으면 큰 벌을 받을 것이다. 내 말이 의심스러우면 내 뒤를 따라오라'고 했습니다. 호랑이가 어리둥절하여 그 말대로 했더니, 과연 모든 짐승들이 여우를 보자마자 질겁하고 달아났습니다. 이는 여우 뒤에 있는 자신을 보고 겁낸 것이지만, 호랑이는 깨닫지 못하고 여우를 살려 보내주었습니다."

"소해휼이 그 여우라는 말인가?"

"그렇습니다. 지금 초나라의 영토는 사방 5000리, 병력은 100만이나 되는데 그것을 모두 소해휼이 관장하고 있습니다. 이 모든 것의 실제 주인은 전하가 아닙니까? 따라서 북방의 여섯 나라는 소해휼이 아니라 전하를 두려워하는 것입니다."

강을은 호가호위狐假虎威의 예를 들어 재상 소해휼이 유능한 것이 아니라 선왕 당신이 위대한 인물이라고 치켜세웠다. 그 말을 듣고 선왕이 흐뭇한 표정을 짓자, 그는 다른 예를 들어 소해휼을 깎아내렸다.

"집을 잘 지킨다고 해서 개를 몹시 귀여워한 사람이 있었습니다. 그런데 개가 동네 우물에 오줌을 쌌습니다. 이를 본 이웃 사람이 주인에게 알리려 하자, 개가 그 사람을 쫓아가 물려고 했습니다. 결국 이웃 사람은 그 개가 무서워 끝내 일러바치지 못했습니다."

"소해휼이 이웃 사람을 물려고 한 개와 마찬가지라는 뜻인가?"

선왕이 묻자 강을이 대답했다.

"무엇이 다르겠습니까. 과거에 한단의 전쟁터에서 우리 초나라가 좀 더 진군했다면 위나라의 도읍 대량大梁을 쉽게 취할 수 있었습니다. 하지만 소해휼은 위나라에서 뇌물을 받았기 때문에 더 진군하지 않았습니다. 당시에 저는 위나라에 있었으므로 그 사실을 잘 알고 있습니다. 그래서 소해휼은 늘 저를 달갑게 여기지 않았습니다."

"흠, 그런 일이 있었는가. 나는 금시초문이다."

그때부터 선왕은 소해휼에 대한 신임을 거두었다. 얼마 뒤 강을은 조정에서 소해휼을 쫓아내고 재상이 되었다. 楚

당신의 언행은 정당한가 | 이런 질문을 접하면 '예스'라고 말할 수 있는 사람이 별로 없을 것이다. 인간은 불완전한 존재다. 아무리 확고부동한 진실이라도 시간이 지나면 거짓이 되는 일이 허다하기 때문이다. 극악무도한 살인범이 처형당한 뒤에 무죄로 밝혀지는 경우가 얼마나 많은가. 현명한 사람은 남의 잘못을 지적하기보다 자신의 허물을 줄이는 데 많은 노력을 기울인다. 그렇지만 음모자들은 타인의 잘못을 교묘하게 부풀려 이익을 취한다. 예나 지금이나 그런 악당이 지도자연하면서 사람들에게 정의 구현 운운하는 작태를 보면 속이 껄끄럽다.

강을은 쉽고 재미있는 예화를 들어 선왕의 호기심을 자극한 다음 그를 한껏 치켜세움으로써 자만심을 극대화했다. 그런 뒤 소해휼의 비리를 공격하고, 적국과 내통한 사실을 발설함으로써 왕의 믿음을 빼앗았다. 그 결과 승승장구하던 소해휼은 천 길 낭떠러지로 떨어졌지만, 강을은 일약 재상의 자리에 올랐다. 여기서 강을의 교묘한 말솜씨에 주목하지 않을 수 없지만, 그 사람됨에는 조소를 보낼 수밖에 없다.

될성부른 사람에게 투자하십시오
―두혁의 인물 천거

선물이란 그물과 같다

초나라의 대신 두혁杜赫은 주나라의 장군 경취景翠와 친분이 두터워, 그가 조정에서 중용되지 않자 몹시 안타까워했다. 그러다 주나라에 사신으로 간 그는 주나라 왕을 알현한 자리에서 말했다.

"주나라는 여러 제후국에 비해 작고 힘이 없어 전하께서 나라 안의 보물을 선물함으로써 안전을 도모하고 있지만, 이는 결코 현명한 방법이 아닙니다."

"그럼 어떻게 해야 한단 말인가?"

왕의 물음에 두혁이 침착하게 대답했다.

"대개 선물이란 숲에 그물을 치는 것과 같아서 새가 없는 곳에 치면 하루에 한 마리도 걸리지 않을 것이고, 반대로 새가 우글거리는 곳에 치면 새들을 놀라게 할 뿐 아무런 소득이 없습니다. 그물은 반드시 새가 많은 곳과 없는 곳의 경계선에 쳐야 새들을 많이 잡을 수 있는 법이지요."

"일리 있는 말이오."

왕이 맞장구를 치자 두혁은 비로소 내심을 드러냈다.

"전하께서 세간에 훌륭하다고 소문난 인물에게 선물을 주면 그 사람은 전하를 경멸할 뿐이고, 대수롭지 않은 인물에게 주면 그들은 전하께서 기대하신 만큼 쓸모가 없으므로 결국 재물만 낭비한 꼴이 됩니다. 그러므로 지금은 궁핍하지만 장차 크게 쓸 만한 인물에게 선물을 주는 것이 마땅하지 않겠습니까? 부디 될성부른 사람에게 투자하십시오. 전하의 곁에 있는 경취가 바로 그런 사람입니다."

호의를 이끌어낸다 | 설득의 목적은 무엇보다 상대의 동의를 이끌어내는 데 있다. 두혁이 제후들에게 뇌물을 써서 겨우 정권을 부지하는 주나라의 신세를 자극하거나, 직접적으로 경취의 장점만 거론했다면 주나라 왕은 결코 그의 말에 귀 기울이지 않았을 것이다. 하지만 두혁은 부정적인 뇌물이라는 말보다 선물이라는 말로 상대의 호의를 이끌어낸 다음, 그 선물의 효용 가치와 주나라가 당면한 인재 등용 문제를 교묘하게 연결해 주왕의 마음을 열었다.

말 한 마디는 전체적인 대화의 목적을 극대화할 수 있고, 일순간에 훼손시킬 수도 있다. 다른 사람에게 자신의 뜻을 관철하려면 두혁과 같이 성실한 태도를 취해야 하지 않겠는가.

이래저래 마찬가지입니다
—축불이 축출된 사연

양비론

진나라가 제나라를 공격하려 하자 제나라 왕은 유세객 축불(祝弗)의 진언을 받아들여 진나라 왕이 미워하는 재상 주최를 쫓아내고, 진나라 장수였던 여례(呂禮)를 재상으로 임명했다. 진나라의 위협에서 벗어난 제나라 왕은 축불을 등용하려 했다. 그러자 평소 그를 고깝게 여기던 신하가 반대하고 나섰다.

"주최를 추방하라는 축불의 진언을 받아들인 것은 오로지 진나라의 비위를 거스르지 않기 위함이었습니다. 하지만 진나라는 천하 제후들이 모두 자기편이 되었다고 판단하면 가차 없이 우리에게 창끝을 겨눌 것입니다. 그렇다고 우리가 당장 진나라와 손을 잡으면 조나라는 연합 공격을 받을까 두려워 우리부터 칠 것입니다."

"실로 진퇴양난이구려. 대체 어찌해야 한단 말인가?"

"현재 진나라 입장에서는 조나라를 이용하여 제나라를 공격하는 것이나, 제나라를 이용하여 조나라를 공격하는 것이나 마찬가지입니다. 어차피 우리는 하루도 편할 날이 없습니다. 진나라를 의식해서 주최를 쫓아낸 마당에 축불까지 등용할 까닭이 무엇입니까. 그것은 제나라를 위한 방책이 아니라 진나라만 유리하게 하는 방책입니다."

그 말을 들은 제나라 왕은 축불을 등용하려던 생각을 거두었다.

유세객의 한계 | 축불은 제나라를 위해 공을 세웠지만, 주변국의 이해관계를 이용한 반대파의 양비론兩非論에 휘말려 결국 제나라 조정에 등용되지 못했다. 전국시대 치열한 각축전 속에 유세객들은 이 나라 저 나라를 떠돌며 자신의 입지를 강화하고자 노력했지만, 태생적 한계 때문에 부평초 같은 신세에서 벗어나지 못한 경우가 많다.

때때로 그들의 입에서 나오는 뛰어난 책략과 변설은 자신에게 커다란 영광을 주기도 했지만, 거꾸로 자신을 해치는 치명적인 독이 되기도 했다. 세상에는 이런 아이러니가 항상 존재한다. 그러기에 톨스토이는 다음과 같이 경고했다.

"남에 대하여 판단할 때 그 사람의 결점을 확실히 알아도 비방을 삼가라. 자기가 그 사람의 결점을 확실히 아는 것도 아니고 남의 말을 들은 것에 불과하다면 더더욱 조심하라."

높이 오른 용은 반드시 후회한다
— 범수와 채택의 명철보신

명인들의 대화

연나라 출신의 유세객 채택^{蔡澤}은 지혜와 언변이 뛰어나지만, 받아주는 제후들이 없어 오랫동안 유랑 생활을 했다. 위나라의 관상가 당거^{唐擧}는 그를 보고 성인의 상이라면서 앞으로 부귀영화를 누릴 것이라고 예언했다. 하지만 상황은 더욱 나빠져서 조나라에 갔다가 쫓겨나기도 하고, 한나라와 위나라에서는 강도를 당했다.

그 무렵 진나라에서 정안평과 왕계의 모반 사건이 일어나 그들을 후원한 재상 범수가 궁지에 몰렸다는 소문이 퍼졌다. 자신에게 기회가 왔음을 직감한 채택은 즉시 진나라로 달려가 큰소리를 쳤다.

"나야말로 범수 대신 진나라의 재상이 될 사람이다."

그러자 범수가 채택을 정중히 초대해서 물었다.

"그대가 나의 뒤를 이어 재상이 된다고 했다는데 그 까닭을 설명해

보시오."

범수의 질문에 채택은 조금도 위축되지 않고 당당하게 대답했다.

"아직도 그것을 모르십니까. 사계절이 차례대로 바뀌는 것처럼 무릇 대공을 이룬 사람은 물러나게 마련입니다. 사람이라면 누구나 강건한 몸과 지혜로운 마음을 원하듯, 지혜로운 자라면 인의대덕을 행하며 천하 만민에게 존경받고 싶을 겁니다. 게다가 부귀영화와 장수를 누리며 명성을 떨치고, 천자와 시종을 같이 한다면 성인이 누릴 수 있는 최고의 홍복이 아니겠습니까?"

"지당하신 말씀이오."

"생각해보십시오. 공께서 보기에 진나라의 상앙, 초나라의 오기吳起, 월나라의 문종文種이 그런 홍복을 누렸습니까?"

"내가 보기에 상앙은 효공을 충심으로 섬기면서 간사한 기풍을 엄한 법령으로 바로잡았소. 때론 벗을 속이고 위나라의 공자 앙卬을 생포하기도 했지만, 진나라의 사직을 안정시키고 백성을 이롭게 만들었지요. 그가 개척한 영토만 해도 무려 천 리에 달합니다. 오기는 도왕悼王을 섬기면서 매우 공평무사했고, 참언이 충성을 덮지 못하게 했소. 구차한 말이나 행동을 하지 않았고, 위험 때문에 행동을 바꾸지도 않았소. 그는 특히 군주를 패자로 만들고, 부강한 나라를 만들기 위해서는 무슨 일이든 도맡았지요. 또 문종은 군주가 나락에 떨어졌을 때도 변함없이 섬겼고, 자신의 공을 자랑하지 않았습니다. 세 사람이야말로 의와 충성의 본보기가 아니겠소? 군자는 의로운 일이라면 위급한 지경에도 목숨을 아끼지 않는 법, 그들은 자신의 생명을 초개와 같이 여겼소. 한데 그대는 세 사람을 별로 탐탁지 않게 생각하는 모양이구려."

범수의 역습을 받은 채택은 기다렸다는 듯이 청산유수처럼 자기 생각을 풀어내기 시작했다.

"군주가 올바르고 신하가 어질거나, 군주가 밝고 신하가 올곧으면 나라의 복입니다. 아버지가 인자하고 아들이 효도하면 가정의 복이지요. 하지만 들어보십시오. 비간比干은 충성을 바쳤지만 은나라를 지키지 못했고, 오자서伍子胥는 지혜로웠지만 오나라를 온전하게 세우지 못했습니다. 진 헌공의 태자 신생申生은 효자지만 진나라에서는 도덕이 무너졌듯이 충신이나 효자라고 모두 성공하는 것은 아닙니다. 그들에게 명군과 현명한 부모가 없다면 허사이기 때문입니다. 상앙·오기·문종은 훌륭한 신하지만 그들의 군주는 그렇지 못했으므로, 세인은 그들을 성공한 사람이라고 하지 않습니다. 사람들은 그들을 사모하는 척하지만 실은 동정할 뿐이지요. 미자는 어진 사람이라고 할 수 없고, 공자는 성인이 되기에는 무언가 부족하며, 관중도 큰 인물이라 할 수 없습니다. 사람이라면 누구나 완전한 공을 세우고 싶어할 것입니다. 살아서 명성을 누리는 것이 최상이고, 죽어서 이름을 남기는 것은 그다음이며, 이름은 욕되고 몸만 온전한 것은 최하입니다. 그러므로 앞서 세 사람이 세운 공은 그 자체로 자부심을 가질 만하지만, 군신의 관계로 비추어볼 때 문왕을 섬긴 굉요閎夭나 성왕成王을 보필한 주공周公에 비할 바가 아닙니다."

군주와 충신

범수는 고금의 역사를 아우르는 채택의 열정적인 변설에 빠져들었다. 하지만 그의 주장이 도를 넘었다고 생각되는 부분에 이르자 날카롭게 반문했다.

"상앙·오기·문종을 어찌 굉요나 주공에 비할 수 있겠소?"

"뒤의 두 사람이 모신 문왕·성왕과 앞의 세 사람이 모신 진나라 효공·초나라 도왕·월나라 구천을 비교해보십시오. 이들 가운데 어느 쪽이 더 자애롭고 충신을 신임했으며, 인의와 지혜 면에서 낫다고 여기십니까?"

"그것을 어느 누가 정확하게 비교할 수 있겠소."

"따지고 보면 두 군주의 충신에 대한 믿음은 효공·도왕·구천 수준이었습니다. 공께서는 뛰어난 지혜로 군주를 평안케 하고 올바른 정치로 혼란을 다스렸으며, 막강한 군대로 환란을 극복하고 영토를 넓혔을 뿐만 아니라, 식량을 증산해 진나라를 부강한 나라로 일으켰습니다. 그로 인해 진나라의 사직과 종묘가 굳건해지고, 천하 제후들이 진나라 왕을 우러러보았지요. 하지만 그렇게 해서 공의 명성이 상앙·오기·문종보다 알려지고 오래 이어질까요?"

"아무래도 나는 그들보다 부족한 점이 많다고 생각할 수밖에 없소."

"진나라 왕의 충신에 대한 신임과 친구에 대한 의리가 세 군주보다 못한데, 당신의 공적은 세 신하에 미치지 못하지만 봉록과 지위는 그들보다 많고 높지 않습니까? 그런 마당에 은퇴하지 않고 그 자리를 지키려 한다면 저들이 겪은 것보다 몇 배의 근심이 다가올 것입니다. 바로 이것이 제가 공에게 물러나라고 권하는 까닭입니다. 해가 뜨면 기울고 달이 차면 이지러지는 것처럼 만물은 성하면 반드시 쇠하는 것이 천지의 이치이며, 시간과 함께 변하는 성인의 도와 같습니다. 그러므로 '나라에 도가 있으면 관직을 맡고, 도가 없으면 숨는다'는 공자의 말씀도 있는 것 아니겠습니까. 《주역》에 '비룡재천 이견대인飛龍在天利見大人:출세한 뒤에도 앞길을 개척해주는 올바른 지도자를 만나야 한다는 뜻'이라는 말이 있고, 부귀는 뜬구름이라는 말도 있지요. 지금 공께서는 모든 은원에서 자유로운 데도 변화에 순응하지 않으니 안타까울 따름입니다."

채택은 범수가 은퇴해야 할 당위성을 설파하면서, 조속히 결심하지 않으면 비참한 최후를 맞은 명군과 명신의 전철을 밟을 것이라고 경고했다.

"소진과 지백은 뛰어난 영걸이지만 탐욕 때문에 천수를 누리지 못했습니다. 또 제나라 환공은 아홉 차례나 천하의 제후를 모아 천하를 바로잡았지만, 규구葵丘의 회합에서 교만해진 까닭에 아홉 나라에게 배신당했습니다. 오나라 왕 부차의 군대는 천하에 대적할 나라가 없었지만, 여러 제후들을 경시하다가 제와 진晉의 반발을 산 끝에 나라와 목숨을 잃었습니다. 하육夏育과 태사교太史噭가 포효하면 삼군이 놀라 떨었지만, 이들은 필부의 손에 죽고 말았지요. 이런 일이 왜 일어났겠습니까. 변화에 따르지 않고 근본으로 돌아오지 않은데다, 스스로 몸을 낮추지 않았기 때문입니다."

영웅들의 말로, 현인들의 선택

어느덧 범수는 채택을 만나 따지려던 애초의 의도를 까맣게 잊어버렸다. 그는 자신이 재상이 되어야 한다는 당위성을 주장하는 것이 아니라 범수를 배려하는 차원에서 말하고 있었기 때문이다.

"상앙은 법령을 통해 풍속을 정화하고, 신상필벌을 강화해 천하의 인재를 모았습니다. 또 도량형을 제정해 경중輕重의 도를 확립하고, 정전제井田制를 폐기해 농업 생산력을 높였으며, 병농일치제兵農一治制를 시행하여 막강한 군대를 양성했습니다. 그 결과 진나라의 군대가 움직이면 영토가 늘어나고 휴식을 취하면 나라가 부강해졌습니다. 진나라가 천하무적의 강국이 된 것은 그렇듯 모두 상앙의 공이지만, 그는 결국 거열형을 받았습니다.

백기도 마찬가지입니다. 그는 사방 수천 리에 100만 병력을 앞세운 초나라와 싸워 언鄢과 영郢 땅을 빼앗고 이릉夷陵을 불태웠을 뿐만 아니라, 촉한蜀漢을 병합하고 한나라와 위나라를 넘어 조나라까지 공격했습니다. 이어서 북쪽으로 진출해 조괄趙括과 40만 병사를 생매장했고, 마침내 조나라의 수도 한단邯鄲을 포위함으로써 제업을 완수했지만, 종국에는 진왕이 보낸 칼로 두우杜郵에서 자결하지 않았습니까?

오기는 초나라의 도왕을 보좌해 대신들의 권력을 약화하고 붕당을 혁파하는 한편, 무능한 관리를 축출하여 국가 기강을 바로잡았습니다. 그로 인해 초의 풍속이 맑아지자 유세객을 지망하던 자들이 크게 줄었지요. 오기 역시 병농일치를 통해 군사력을 강화한 다음 남쪽으로 양월楊越, 북쪽으로 진陳·채蔡를 병합했습니다. 연횡과 합종도 그에 의해 무산되었지요. 천하의 제후들은 그런 초나라의 군사력을 두려워하고 초왕을 외경했지만, 오기는 결국 능지처참의 형벌을 받았습니다.

문종은 월왕 구천을 도와 회계會稽의 치욕에서 벗어나게 했습니다. 그는 초원을 개간하여 흩어진 백성을 불러들였고, 농업을 장려했으며, 사방의 인재들을 규합해 월나라의 국력을 키웠지요. 그 결과 구천은 오나라의 부차를 격파하여 원수를 갚고 천하의 패자가 되었지만, 문종은 비명에 죽고 말았습니다.

이들이 큰 공을 세우고도 죽은 까닭은 무엇입니까. 모두 펼 줄만 알고 굽힐 줄 몰랐으며, 나아갈 줄만 알았지 물러설 줄 몰랐기 때문입니다. 그 이치를 잘 알았던 범려范蠡만이 초연히 세상을 버리고 도주공陶朱公이 되었지요."

채택의 변설은 한 치의 허점도 없었다. 그는 상앙·백기·오기·문종 등 일세를 풍미한 영걸들의 비참한 말로를 설명하면서 그 너울에서 간신히 벗어나 천수를 즐긴 월나라의 재상 범려의 명철보신明哲保身의 논리까지 이르렀다.

"도박사들은 판이 벌어지면 아낌없이 돈을 걸다가 판을 접을 때가 되면 딴 돈을 조금씩 나누어 걸면서 실리를 챙깁니다. 마찬가지로 공께서는 그동안 진나라의 재상으로 항상 내직에 있으면서 뭇 제후들을 제압하고 삼천三川의 이利를 옮겨 의양宜陽을 세웠습니다. 또 양장羊腸의 험난함을 끊어 태항太行으로 가는 길을 막았으며, 범范과 중행中行으로 가는 길을 끊어 여섯 나라의 합종을 막았습니다. 게다가 촉한으로 통하는 천 리에 잔도를 놓아 천하를 벌벌 떨게 만들었습니다. 이제 모든 것을 이룬 진나라는 궁극에 이른 당신의 공적을 나눌 때가 되었다는 말입니다. 바로 이때 물러나지 않는다면 공은 반드시 상앙·백기·오기·문종의 전철을 밟을 것입니다.

물로 거울을 삼는 자는 자신의 얼굴을 볼 수 있지만, 사람을 거울로 삼는 자는 길흉을 능히 알 수 있다는 말이 있습니다. 성공한 곳에는 오래 머무르지 말아야 한다는 말도 있지요. 앞서의 실례를 익히 아는데 당신께서는 대체 어디에 머무르려 하십니까? 재상의 자리를 다른 인물에게 물려주고 산촌에서 냇물을 바라보며 산다면 백이와 숙제처럼 아름다운 이름을 보전하지 않을까요? 아마 세인은 '저 응후應侯야말로 대대로 제후 자리를 차지할 자격이 있다'고 말할 것입니다. 허유許由와 계찰季札처럼 양보의 덕이 있다고 칭송할 것은 물론이고, 왕자교王子喬와 적송자赤松子처럼 장수를 누리겠지요. 장차 앙화를 당해 신세를 망치는 것과 비교해 어느 것이 나은지 잘 생각해보십시오. 부디 '항룡유회亢龍有悔'란 말을 깊이 새겨주십시오."

"그렇군요. 하던 일을 멈출 줄 모르면 한 일까지 잃고, 가지고도 만족할 줄 모르면 가진 것을 모두 잃는다는 사실을 이제야 알았습니다. 선생의 뜻을 알았으니 삼가 충고를 따르겠습니다."

채택의 간곡한 설득에 범수는 커다란 깨달음을 얻었다. 그의 말을 듣고 보니 자기 목에 칼이 드리워진 것만 같았다. 며칠 뒤 범수는 입궐하자마자 소양왕을 찾아가 채택을 등용할 것을 청했다.

"전하, 산동 출신의 채택을 만나보니 3왕三王의 사적과 5백五伯의 공업은 물론, 세속의 변천에 이르기까지 두루 능통하니 귀하게 쓰십시오. 그동안 수많은 인재들을 보았지만 채택만 한 사람이 없습니다. 저조차 그에게 견줄 수 없을 정도입니다."

그리하여 소양왕이 채택을 객경으로 등용하자, 범수는 중병을 핑계로 재상의 자리에서 물러나 안분지족의 여생을 보냈다. 그 후 채택은 진나라의 재상이 되어 동주 황실의 항복을 받아내는 등 큰 공을 세웠지만, 자신을 모함하는 자들이 나타나자 범수처럼 병을 핑계로 물러났다. 당시 강성군綱成君에 봉해진 채택은 후대의 효문왕, 장양왕에 이어 진시황 대까지 살아남았다.

항룡유회를 되새겨라 | 인생에 희로애락喜怒哀樂이 있듯이 운명에는 영고성쇠榮枯盛衰가 있다. 범수와 채택의 대화에서 언급된 것처럼 중천에 뜬 해는 지게 마련이고, 달은 차면 이지러진다. 역사는 아무리 뛰어

난 인물이라도 나아갈 때 나아가지 않고 물러설 때 물러서지 않았다가 나락으로 떨어지는 수많은 사례를 보여준다.

동양에서 승리의 표상은 용龍이다. 여의주를 물고 승천하는 용의 기세는 성공을 지향하는 남성의 역동적인 움직임을 묘사한다. 물론 이와 같은 영광과 승리는 하루아침에 얻어지는 것이 아니다. 《주역》에 따르면 꾸준히 덕을 쌓으며 때를 기다리는 잠룡潛龍의 시기와 비로소 출세하여 만천하에 큰 뜻을 펼치는 견룡見龍의 시기가 있다. 그다음에는 지도자의 지위에 오르는 비룡飛龍이 되어 뭇 신료들의 보필을 받아 천하를 호령함으로써 항룡亢龍에 이른다. 하지만 권좌는 외롭고 쓸쓸하다. 더구나 너무 높이 올라간 항룡은 존귀하지만 지위가 없고, 민심과 동떨어진 신세가 된다.

그렇게 승천한 항룡은 두 번 다시 지상으로 내려올 수 없다. 아무리 후회해도 돌이킬 방법이 없다. 항룡유회의 운명이다. 어떻게 하면 그처럼 후회막급의 같은 굴레에서 벗어날 수 있을까? 《전국책》의 생생한 역사가 일깨워주는 해답, 그것은 바로 절제다.

전국시대의 여러 나라들

■ 서주西周 · 동주東周

주나라의 고왕考王은 동생 게揭를 왕성에 봉하여 하남공이라고 했다. 이 사람이 주나라 환공이다. 환공의 손자 혜공惠公이 그의 막내아들 반班을 공鞏에 봉했는데, 이를 동주의 혜공이라 한다. 주 왕조는 경왕이 하도下都로 간 뒤 난왕이 왕성을 옮겨 서주에 정주하기까지 이곳을 도읍으로 삼았다. 하도에 대하여 공은 동쪽에 있으므로 반의 계통을 동주東周라 하고, 왕성은 서쪽에 있으므로 게의 계통을 서주西周라 했다. 평왕의 천도를 경계로 나뉜 서주와 동주는 별개의 나라다.

《사기史記》의 〈주본기周本紀〉에 따르면 난왕 59년에 서주의 임금이 자신의 정지를 진秦나라에 헌상하려 했지만 그 고을은 36개, 인구는 3만에 불과했다고 한다. 난왕이 그해에 숨을 거두자 주 왕조는 대가 끊겼고, 동주도 7년 뒤 진나라에 멸망했다. 동주와 서주는 미약한 제후국이지만 천자의 상징인 구정九鼎을 가진 주왕이 두 주나라에 의탁하여 강국들의 주의를 끌었고, 유세객과 책사들의 활동 무대가 되었다.

■ 진秦

진나라는 원래 협서성 서쪽에 살던 서융西戎 출신의 유목민 집단이었다. 주나라 효왕 때 비자非子라는 사람이 왕을 위해 말을 쳐, 그 공으로 부용附庸:제후보다 격이 낮은 소국의 주인의 자리에 올랐다고 한다. 또 평왕이 견융犬戎에게 쫓겨 동천東遷했을 때 양공襄公이란 사람이 평왕을 수행하여 무사히 새 도읍인 낙읍洛邑으로 호송한 공로로 기산岐山 서쪽의 땅을 받았다고 한다. 진나라는 서쪽으로 치우친 위치 때문에 정치·경제·문화 면으로 후진국이었지만, 춘추시대 초기에는 유명한 목공穆公이 나타나 선정을 펼침으로써 부국강병의 결실을 맺었고, 오패五覇의 하나로 꼽힐 정도로 강성해졌다.

전국시대 중엽이 되자 유명한 임금 효공孝公이 출현하여 상앙商鞅을 등용, 정치와 경제의 혁신을 단행하고 엄정한 법치주의로 나라의 기강을 바로잡아 중앙집권적 군주국가의 기틀을 마련했다. 그 후 장의張儀의 연횡론에 따라 소진蘇秦이 완성한 합종 동맹을 파기하고, 여러 나라를 격파하여 순차적으로 영토를 확장했다.

기원전 270년 알여閼與 전투에서 조나라의 명장 조사에게 대패하는 등 실패를 겪기도 했으나, 범수范雎를 등용하여 원교근공책遠交近攻策을 철저히 시행한 뒤 더욱 강성해졌다. 특히 기원전 260년 조나라와 벌인 장평 전투에서 명장 백기白起의 활약으로 조나라 군사 40만을 격파하여 천하 통일의 터전을 굳혔다. 그 후 한단邯鄲의 포위전에서 항명 사건이 있었고, 조·위·초 연합군에게 대패하여 주춤거리기도 했다. 그러나 기원전 255년 주 왕조와 서주를 멸망시켰고, 기원전 248년에는 동주를 멸망시켰으며, 기원전 230년부터 221년까지 한·조·위·초·연·제를 차례로 멸망시키고 천하 통일의 대업을 이루었다.

■ 제齊

춘추시대 초기에 진陳나라 환공桓公의 아들 전완이 내란을 피해 제나라에 망명하여 봉공奉公했다. 그의 10대손 전화田和에 이르러 임금인 제나라 강공을 죽이고, 나라를 빼앗아 주周나라 안왕의 승인을 얻어 제후가 되니 그를 태공太公이라 했다. 태공망 여상을 조상으로 하는 강姜씨의 제나라는 환공 시대에 재상 관중이 보좌함으로써 제후국의 패권을 누렸지만, 여상 이후 28대가 지난 740년에 신하의 손에 거꾸러졌다.

신흥 전田씨의 제나라는 태공의 손자 대에 이르러 비밀리에 왕이라 호칭하여 위왕威王이라고 했다. 위왕은 추기란 현인을 발탁하여 내정을 개혁하고 학자를 우대했으므로, 도읍 임치의 서문 밖에는 널리 천하에서 모여든 학자들로 인해 학자 단지가 생겼을 정도다. 그의 아들 선왕宣王 대에는 선정을 행해 전씨 제나라는 더욱 부강해졌고, 전국칠웅의 으뜸이 되었다. 특히 제나라에서 제염과 제철 등의 공업이 번성했고, 상업 역시 번성하여 대도시를 이루었다. 도읍인 임치는 춘추시대부터 매우 큰 도시였지만 전국시대에는 무려 7만 호의 대도시로 발전했다. 백성의 생활도 몹시 호화스러웠다. 전씨의 제나라는 선왕 이후 7대가 지난 기원전 221년 진시황에 의해 멸망했다.

■ 초楚

초나라는 지금의 호남湖南·호북湖北·강서江西 지방을 망라한 남쪽의 대국이었다. 풍토의 혜택을 받은 남방의 나라지만, 문화 면에서는 후진국이어서 형만荊蠻이라는 별칭으로 불린 적도 있다. 기원전 770년 평왕平王의 동천東遷에 의해 주 왕조가 제후에 대한 통치력과 이민족의 내구에 대한 방어력을 잃은 춘추시대에 존재감을 드러냈다.

춘추시대에는 제후들이 주 왕조의 전통적 권위의 중압감에서 해방되어 자유로이 세력 다툼에 몰두하는 동안 제후를 통솔하고 이민족을 방색하고 주 왕조를 옹호하는 것을 대의명분으로 하는 패자가 나타났다. 그 첫째가 제나라의 환공이고, 둘째가 진나라의 문공이다. 당시 초나라는 근접한 소후국들을 통솔하여 패자에게 복종하려 하지 않고, 도리어 패후와 항쟁할 만한 실력을 갖추었으므로 초나라의 북진을 막는 것이 패후들의 중요한 임무였다. 하지만 초나라는 장왕莊王 때 진나라의 문공에 이어 셋째 패자가 되었다. 그 후 혜성과 같이 나타난 오나라와 월나라의 그늘에 잠시 빛을 잃었지만, 두 나라가 불꽃처럼 싸우다 시들자 초나라는 세력을 회복하고 남방의 강국으로 중원의 제후들을 위협했다.

초나라는 전국시대기원전 453~221년에 세력이 더욱 강대해져서 영郢에 도읍을 정하고 진나라와 천하를 다투었다. 하지만 기원전 360년경 진나라에서는 효공이 상앙을 기용하여 군권을 확립하고 중앙집권적 근대국가로 개혁에 성공한 데 반해, 초나라는 기원전 320년경 도왕悼王이 오기吳起를 써서 국가 개조에 들어가기는 했지만 도왕 사후 제후들의 반격에 직면하여 결국 개혁은 실패하고 말았다.

그 후 유왕, 애왕을 거쳐 기원전 223년 부추에 이르러 진나라에 멸망했다. 이 과정에서 굴원屈原이 진나라에 농락되려는 회왕에게 간했지만 받아들여지지 않았고, 도리어 간신들의 참언으로 조정에서 쫓겨나자 비통의 극에 달한 서정시 〈이소離騷〉를 남기고 기원전 298년 박라泊羅에 몸을 던진 일화는 유명하다.

■ 조趙

서주西周 시대에 조성趙城에 살던 자의 자손이 조趙씨로, 춘추시대에 이르러 진晉나라에서 벼슬을 하여 공을 세웠다. 이후 조간자趙簡子, 기원전 518~458년와 양자襄子, 기원전 458~425년 시대에 세력을 널리 키웠으며, 이때 진에서 실질적으로 독립했는데, 기원전 403년 주周나라 위열왕威烈王에게 제후로 공인되었다. 초기에는 진양晉陽에 도읍했으며 후에 중모中牟, 한단으로 옮겼다. 무령왕武靈王, 기원전 325~299년 대에 가장 융성했으며, 전국시대 후기에는 진秦나라 다음가는 강대국으로 발돋움했으나, 장평 전투에서 패하며 국력이 급속도로 쇠퇴하여 결국 멸망했다.

■ 위魏

위나라는 주나라와 동족으로 희姬씨의 나라였다. 시조는 주나라 문왕의 아들 필공인데, 그 후예 필만이라는 자가 진晉나라를 섬겨 위나라에 봉함을 받고 나서 위씨魏氏로 불렸다. 7대 이후 위나라 환자桓子 때 조·한과 협력하여 진나라의 국정을 농단한 지백知伯을 멸망시키고, 진나라의 영토를 삼분하여 각각 독립국이 되었다. 그의 아들 문후가 주나라의 무렬왕에 의해 제후에 오르고 전국칠웅의 하나가 되었다.

　문후의 손자 혜왕이 진나라의 압박을 받아 잠시 대량으로 옮긴 일이 있어 나라 이름이 '양梁'이라고도 불렸다. 《맹자孟子》〈양혜왕梁惠王〉편의 양이 바로 이것이다. 후에 위나라로 돌아왔고, 6대 손왕에 이르러 진나라에 멸망했다. 조·위·한 중에 가장 강성했는데, 이는 문후가 드문 명군으로 서쪽의 강국 진나라와 군사·외교 면에서 거의 대등한 교제를 할 수 있었기 때문이다. 문후는 중산국中山國을 멸망시키는 등 전성기를 누렸다.

문후는 공자의 제자인 자하와 단간목을 스승으로 초빙하고 학자·현신·명장 등을 사모하여 모여드는 자가 많았고, 전자방·이극·위성·적황·서문표·오기 등이 운집했다. 하지만 손자인 혜왕은 문화인으로, 정치에도 의욕적이기는 했지만 동방 경영에 너무 의욕을 보인 나머지 서방의 강국 진나라의 동방 진출을 방조했으므로 전국시대의 형국이 일변했다. 더구나 혜왕은 기원전 341년 명장 손빈이 지휘하는 제나라 군대와 마릉에서 싸워 대패한 뒤, 상군商軍이 지휘하는 진나라 군대에게도 대패하여 천하의 주도권을 제나라와 진나라에게 빼앗기고 국운이 피폐해졌다.

■ 한韓

한나라는 주나라의 동족으로, 무왕의 아들이 한나라에 봉해진 데서 비롯된다. 한나라는 멸망했다가 그 후예인 무자가 진晉을 섬기고 한읍을 회복시켰다. 6대손 한강자가 조양자·위환자와 더불어 진나라를 삼분하여 독립했고, 그 아들 경공 건이 주나라의 위열왕에 의해 제후의 반열에 올랐다. 양적에 도읍을 옮기고 인접한 소국 정나라를 멸망시키는 등 활약했지만, 열강인 조·위·진·초 등의 중앙부에 있었으므로 화려한 국력 신장은 불가능했다.

기원전 254년 환혜왕은 진나라에 조공의 예를 차리고, 5년 뒤에는 진나라에 성고를 빼앗겼으며, 다시 5년 뒤에는 12성을 빼앗겼다. 11년 뒤에는 진나라에 신하의 예로 속방이 되었다가, 기원전 230년 왕안 때 마침내 멸망했다.

■ 연燕

연나라는 주周의 동성인 소공석이 봉해진 데서 비롯된다. 전국칠웅 중에서 초나라와 더불어 가장 오래된 나라다. 지금의 북경인 계薊에 도읍했다. 소공석의 30대손으로 알려진 역왕 때 왕을 참칭, 7대 왕 희에 이르러 진나라에 멸망했다. 지리적으로 서쪽은 조나라와 접하고, 남쪽으로는 황하를 사이로 제나라와 접했다. 즉 서쪽과 남쪽에서 2강의 위협을 받았으므로 국력을 충실히 할 경황이 없었다. 하지만 연나라가 진나라를 제외한 6웅 중에서 마지막까지 진나라의 마수를 모면한 것은 인접한 두 나라가 각각 진·초와 중원 진출을 다투었기 때문이다. 연나라의 비장한 종말은 《전국책》 〈형가전〉에 자세히 나온다.

■ 송宋 · 위衛 · 중산국中山國

세 나라는 동주, 서주와 더불어 전국칠웅에는 들어가지 않는다. 하지만 이들이 《전국책》에 수록된 까닭은 칠웅이 힘의 균형을 지키는 데, 혹은 완충지대로서 존재 의의가 있었기 때문이다.

송나라는 옛날 주나라가 은나라를 멸망시켰을 때, 선조의 제사를 끊으면 하늘의 앙갚음이 있다는 전설에 따라 성왕이 주의 이복형 미자계를 상구에 봉하고 은나라의 제사를 받들게 한 데서 비롯된다. 미자계의 31대손 군언이 왕을 칭하고 일시에 강세를 보였지만, 외정을 서두르다 도리어 제나라와 초나라의 연합군에 패하고 멸망했다.

위衛나라는 주나라의 동족으로, 무왕의 아들 강숙이 은나라의 고도인 조가에 봉해진 데서 비롯한다. 진나라의 2세 황제에 의해 멸망했다. 《시경詩經》에 있는 민요 등에 따르면 매우 자유로운 기풍과 진보적인 사상이 돋보이는 문화국인데, 위정의 음률은 음란하다는 공자의 비난을 사기도 했다.

  중산국은 백적의 별종이라는 설, 서주의 환공에서 비롯한다는 설, 선우라는 설 등이 분분하다. 지역에 대해서는 처음에는 정주에 있었고 나중에 정정부로 옮겨졌다는 설, 위나라의 문공이 공략한 중산은 무왕의 땅이고 조나라의 무령왕이 멸망시킨 중산은 환공의 땅이라는 설이 있지만 분명치 않다.

왕을 설득하라

초판 1쇄 인쇄 2011년 9월 15일
초판 1쇄 발행 2011년 9월 20일

지은이 이상각
펴낸이 우좌명
펴낸곳 출판회사 유리창
출판등록 제406-2011-000075호(2011.3.16)
주소 413-756 경기도 파주시 교하읍 문발리 파주출판도시 535-7
　　　세종출판타운 402호
전화 031)955-1621
팩스 0505)925-1621
이메일 yurichangpub@gmail.com

ISBN 978-89-966804-1-3 13320

ⓒ 이상각 2011

* 책값은 뒤표지에 있습니다.
* 잘못된 책은 구입한 곳에서 바꿔드립니다.